GIFTS FROM THE CHILDREN
子どもたちからの贈りもの
レッジョ・エミリアの哲学に基づく保育実践

In such subtle ways,
the children so graciously offer their thoughts,
ideas and emotions through many modes of
expression, filled with imagination which act as
sources of inspiration for the adults.
We like to humbly accept these expressions as
'gifts from the children', which we wish to
treasure and store in our hearts
in our walks of life.

子どもたちは、日々、想像力や
インスピレーションの源となる考えや感情を、
いつも様々な方法で惜しみなく、
そして何気なく私たち大人に捧げてくれます。
それらを、まさに「子どもたちからの贈りもの」として、
心の奥にいつまでも
大切に秘めていきたいと思っています。

GIFTS FROM THE CHILDREN
子どもたちからの贈りもの
レッジョ・エミリアの哲学に基づく保育実践

カンチェーミ・ジュンコ
秋田喜代美 | 編著

萌文書林

CONTENTS
目次

プロローグ　PROLOGUE　　6

越境の経験
BORDER CROSSING　　8

ELCでのレッジョの哲学による実践の軌跡　　10

レッジョの哲学における素材と場のしつらえ　　24

ELCの物語
STORY of the ELC　　30

歴史　　32

カリキュラムの枠組み　　34

哲学　喜びなくして何もない／驚きの要素　　38

環境　時間と空間　　40

保護者との関係　　44

ELCでの1日　　46

保育者の専門性の向上　　50

アトリエの思想
THOUGHTS on the ATELIER　　52

アトリエの解釈　　54

素材　　62

アトリエリスタの主なねらい　　64

理論と実践の両輪　　66
THEORY and PRACTICE in unison

　探究 1　公園との対話　　70
　探究 2　みんなの特別な箱　　96
　探究 3　はじめての作品展　　120
　探究 4　絵が語ること　　142
　探究 5　虹の動物園　　153
　探究 6　ずっと続く友情　　172

エピローグ　EPILOGUE　　192

　カンチェーミ・ジュンコ
　秋田喜代美
　クレア・ウェイン
　山田百香
　佐川早季子
　椋田善之
　伊藤史子

引用・参考文献　REFERENCES　　201

著者・訳者プロフィール　Profile of Authors & Translators　　202

PROLOGUE
プロローグ

カンチェーミ・ジュンコ
横浜インターナショナルスクール
アーリーラーニングセンター　前園長

Junko Cancemi

私とレッジョ・エミリア・アプローチの哲学との出会いは、1998年にさかのぼります。幼児教育誌の『Early Childhood Magazine』に、イタリアのある町について「まるで美術館のような空間」と書かれた記事があったのです。そのような幼児教育の環境とは一体どのようなものだろうかと、私は想像をめぐらせました。そして今日に至っても、このフレーズは私の心の中に鮮明に残っています。私の夫のルーツがイタリアにあり、イタリアは私の心の中の特別な場所であり、国や文化と個人的にも感情的にも深くつながっていることも関係しているかもしれません。当時、横浜インターナショナルスクール(Yokohama International School: 以下YIS)では国際バカロレア初等教育プログラム（International Baccalaureate Primary Years Programme：以下PYP）を取り入れ出したばかりで、私と同僚はレッジョの哲学についての本を読みはじめました。その時間は私たちに緊張と興奮が湧きあがり、アイデアが溢れ出る活気に満ちたものでした。

そして、私は2000年にはじめてレッジョを訪れました。ちょうどYISでは初等プログラム（3〜5歳児）のために新園舎を建設中で、それに伴い、YISという学びの共同体の中の一番小さなメンバーのために、従来行っていたプログラムの見直しと新たな可能性を考える機会を校長が私に与えてくれました。そこで、レッジョのスタディツアーに興味があることを伝えると、彼は心よく送り出してくれたのです。今でも、私は彼が言ったことばを覚えています。「ジュンコ、ぜひ行ってきなさい。そして戻ってきたら、よかったかどうか私に話してください」。1週間のレッジョ滞在後、学校に戻り、校長室のドアをノックして、私はこう伝えました。「これはよいとか悪いとかの問題ではありません。私たちは実践しなければなりません」

この日以来、私の冒険と挑戦がはじまりました。歴史と文化に深く根差したレッジョの哲学についての理解と解釈の旅がはじまったのです。そして現在に至るまで、幸いなことにレッジョを6回訪れることができました。このような機会をもてるとは夢にも思っていなかった私に、新しいプログラムを任せてくれた校長には、感謝の気持ちでいっぱいです。

さて、スタディツアーを終えての帰国途中、私は様々な考えをめぐらせていました。一番の気がかりは、学校で待っている同僚たちにどうしたら私のレッジョでの経験をうまく伝えることができ

るかということでした。どうしたらレッジョの教育者たちの深い考えに背くことなく、伝えることができるのか。そして、どうしたら私より長く働いている同僚たちに敬意を表しながら、伝えることができるのか。

その時、私は気づいたのです。同じような感動を覚えてもらうには、彼らの感情に訴えるやり方で私の経験を伝えなければと。まさに、レッジョ・エミリア・アプローチの創設者であり牽引者でもあるローリス・マラグッツィが、「冗談じゃない、100のものはここにある」の詩でレッジョの深い哲学をメタファー（たとえ）に託したように。メタファーは相手の感情に訴えかけ、それぞれの経験と照らし合わせて考える機会を与えてくれます。私はメタファーの力はコミュニケーションの大切な要素だと信じています。そこで、同僚たちがまるで茶道の茶会に招待されている気持ちになるように、私はレッジョでの経験を表現しました。

日本の茶室には、審美的（aesthetic）にも心休まる雰囲気があります。薄暗い中、淡い茶色の色合いが香の香りと調和し、真っ白な湯気を出しながら鉄瓶で湯が沸くやわらかな音と、畳の上を歩く際に聞こえる衣擦れの静かな音が溶け込んだ空間です。招かれた私たちは、床の間の茶会の題目が書かれた掛け軸と木製の花器に丁寧に生けられた花を味わいます。そして、そのような亭主の繊細で優美な心づかいをありがたくいただき、屋外の自然の美しさがこの屋内で一体となるのを感じ、亭主が私たちだけのために特別に用意してくれるお茶をいただくのです。亭主の一つひとつの所作には意図があります。柄杓で湯を茶器に注ぐにしても、その柄杓を置くにしても、すべての行いに意味があるのです。もちろん、風味溢れるお茶をいただくのは楽しい一時です。しかし、亭主が私たちのためにお茶を用意する過程をつぶさに観察し参加してはじめて、私たちはそのお茶を十分に味わうことができるのです。

ここでいう茶会の亭主とは子どものことを表し、これがこれからご紹介していく3、4歳児クラスのアーリーラーニングセンター（Early Learning Center：以下ELC）で保育者が抱いている子どものイメージです。子どもとは機知に富み、可能性に溢れ、たとえ大人よりも経験が少なくても強さと想像力を存分に発揮して毎日を生き、まわりにある物事がどのようになっているかに興味をもち、そこにつながりを見つけ出し、自分たちの人生に起きる出来事の意味を見出している存在です。ELCは子どもたちを、大人が知識で埋め尽くす「空っぽの器」とは見なしていません。保育者は一人ひとりの子どもに明かりを灯せるようにと願っています。そして、それは私たち保育者の中に火が灯っているからこそ、できることだと思っています。

BORDER CROSSING

越境の経験

[p10-23] Text by Kiyomi Akita
[p24-29] Text by Fumiko Ito

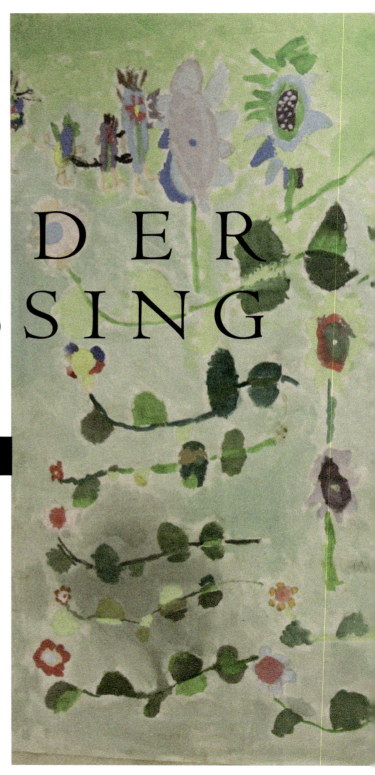

The FOOTPRINTS of PRACTICE INSPIRED by the REGGIO EMILIA PHILOSOPHY at the ELC

はじめに
レッジョの哲学と教育に触発された実践

　本書をお手に取りくださった方々の多くは、イタリア北部レッジョ・エミリア市の保育実践に興味・関心と知識をおもちで、本書を開いてくださったのではないかと思います。しかし、本書はレッジョ・エミリア市自体の実践についての解説書ではありません。その思想や哲学にふれ、その哲学を深く理解しようと日本で保育実践を重ねながら、園として学び続けるある園の軌跡です。レッジョの哲学に関心をもつ国内外の人々とともに対話を続けた１つの園の園長とアトリエリスタや職員の方々の記録です。神奈川県横浜市山手という地にあるELCにおいて、園の改革として20年近く、おそらく日本でもっとも早くからレッジョ・エミリア市現地で哲学を直接学び、実践をされてきた園の方々が書かれた記録をもとにした本です。この間、園の責任者であったカンチェーミ・ジュンコ先生は、レッジョの哲学をさらに研究されるために、レッジョに基づく評価に関する論文で英国の大学院で教育学の博士号も取られました。

　レッジョの哲学に刺激を受けて行われた実践という意味で、最近では「Reggio Emilia-inspired approach（レッジョ・エミリアに触発されたアプローチ）」といういい方が、米国、カナダ、シンガポール、オーストラリアなどでは使用されています。つまり、これはレッジョの思想や教育を、アプローチやメソッドというような特定の方法論、レシピとしてではなく、この思想に影響を受け、そこから触発され、その原理によって自ら実践を行ったという意味で表現されています。実践の方法の一部の要素のみ、たとえばドキュメンテーションやアトリエリスタなどのことばを取り入れたり、ライトテーブルなどのものを取り入れるといった一口サイズの取り込みや模倣、再生のモデルではありません。そこでは、実践・創造の中核である教育における価値と哲学を共有し、実践を生み出す創造的なルーチーン（クリエイティブルーチン）（野中・勝美, 2004）としての型を生み出す点を共有しています。つまり、園を常にイノベーションの場として実践知を共有していくサイクルがあるのです。

　本書は、日本版の触発実践本の１冊ということができます。この「Reggio Emilia–inspired approach」という表現は、レッジョの保育は、元来、文脈に基づいてその文化に根差して、教育哲学が園や学校でどのように実施されるのか、その相互の対話を進めるというあり方を志向しています。つまり、その園の属するコミュニティ（共同体）の文化的・歴史的な価値や信念を反映した教育こそが重要である、その実践の変化の過程、レッジョの哲学を継承しながら、そこでどのように変化し、その園はその園らしくかけがえのないものになっていったかという常に変容していくプロセス "becoming" 自体が、大事なことと考えられています。

ELCでのレッジョの哲学による実践の軌跡

レッジョ・エミリア市とELCの文脈の違い

では、レッジョ・エミリア市の教育とELCとでは何がどのように異なり、そして何が共有されているのでしょうか。

まず簡単に、レッジョ・エミリア市の教育について述べたいと思います（詳しく正確に知りたい方は、『子どもたちの100の言葉』『驚くべき学びの世界』『レッジョ・エミリア市自治体の幼児学校と乳児保育所の指針』などをお読みになるのが理解を深めるのによいと思います）。

レッジョ・エミリア市の教育は、第二次大戦の敗戦の中で、働く母親や住民たちが戦車やトラックを解体し、その費用で幼児学校を創る煉瓦を買い求め、1区画（ブロック）に1つの幼児学校を、という理念を生み出したところからはじまりました。そして、ローリス・マラグッツィがその教育のリーダー的指導者となって、レッジョ・エミリアの市としての教育思想を創りあげてきました。マラグッツィは『ファンタジーの文法』などの著書で有名なジャンニ・ロダーリなどとも協働し、子どもの新たな表現を重視し、その市の多くの実践者の手によって、市固有の教育言説と保育実践、そして保育記録や地域との関係のあり方を誕生させました。そして、1991年に米国の『Newsweek』誌において「世界でもっとも優れた10の学校」の1つにこの幼児学校が取りあげられたことで、教育界で高く評価されるようになりました。

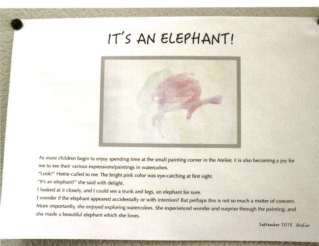

その思想や教育にふれて刺激を受けた人々は世界中に広がりました。スウェーデンのダールベリ 元ストックホルム大学名誉教授や英国のピーター・モス ロンドン大学教授という幼児教育哲学者たちがその実践を見て高く評価したことから、OECD刊行の『Starting Strong』などの中でも、国際的に見ても優れた幼児教育カリキュラムとして取りあげられるようになりました。また、ジェローム・ブルーナーやハワード・ガードナーといったハーバード大学で教育や学習に関しての思想を創ってきた歴代教授陣もレッジョを訪れ、深く関与しました。そこから、レッジョとハーバード大学のプロジェクト・ゼロとの共同研究がはじまり、学びを可視化する『Making Learning Visible』という本が出版されました。1990年代になり、欧州、北米を経由してレッジョの教育のあり方が広く知られるところになり、多くの研究者や実践者がレッジョを訪れました。そして、国際的ネットワークをつなぐレッジョ・テルドレンという組織や、実際にローリス・マラグッツィ国際センターが創られました。

　日本でも、レッジョの哲学と実践記録に多くの人が刺激を受けました。佐藤学 東京大学教授（当時）が米国教育学会でのレッジョの実践に関する1本のビデオの発表「ライオンの像を創る」に感銘を受け持ち帰られたところから、日本での広がりははじまりました。そして、ワタリウム美術館での「子どもたちの100の言葉」展などの展覧会が開催されました。私自身も触発された1人として、展覧会のコメンテーターや実際に現地を訪問して作成した紹介DVDに登壇し、お手伝いをさせていただきました。

　すでにその頃から、YISの中の幼児教育の場である3、4歳児が通うELCのカンチェーミ先生もまた触発された方の1人として、このレッジョの現地の研修に学び、実践を園全体で職員の方々とともに取り組みはじめられていました。そして、ELCでの園内研修の講師として、『子どもたちの100の言葉』の原著の編著者であるレラ・ガンディーニ氏を招聘され直接助言を受けながら、園の実践を創っていかれました。今もELCのウェブサイトを見ると、そこにはマラグッツィの「子どもたちの100のことば」の詩が掲載され、その哲学に沿っていることが書かれています。

　ELCは、0〜5歳までの園ではなく3、4歳児クラスの実践であり、市立であるレッジョ・エミリアの自治体の保育に対して私立の園であり、インターナショナルの特性から多文化の特別な園でもあります。日本語を母語としない多様な文化的背景をもった子どもたち、保護者がおられ、その中で英語で教育がなされます。カリキュラムもPYPに基づいて行われていますので、レッジョ・エミリア市の実践とは違っています。保育者もインターナショナルスクールの保育者としての資格と専門性をもった教育を受け、実践を行っています。小規模な園での取り組みであり、アトリエリスタはおられますが、いわゆるペダゴジスタのよ

うな園の間をつなぐ人はいませんので、社会的なシステムという点では違いがあります。しかし、ELCの実践を見ることで自治体レベルではなく、各園で何に取り組めるのかを知ることができます。その詳細は、次章以降を読んでいただくとわかると思います。

レッジョの教育に関わる人々から観たELC

ELCでは、レッジョの哲学を中核とした実践が園の活動のシステムとして行われています。それが単なる個人の私的解釈ではなく、レッジョの哲学や実践だと、この園にも繰り返し来られて深く理解している人たちのことばからもわかります。本書の刊行に寄せ、以下の方々がメッセージを寄せてくださいました。

その1人めは、『子どもたちの100の言葉』の著書をはじめ、レッジョ・エミリア市の実践と北米の研究者や実践者を結ぶキーパーソンとなり、レッジョ・エミリア市と北米の両方で仕事をされてきたレラ・ガンディーニ先生です。

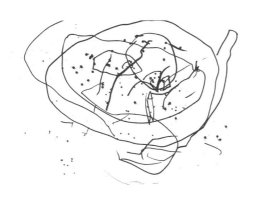

省察的な訪問者はELCを訪れるたびに、園の空間が子どもたちのために、そして子どもたちと一緒に時間をかけてつくられてきたもので、それは子どもを真に念頭において行われてきたことを、期待を抱きながらじっくりと味わうことができます。これまでの訪問で、私の期待が失せたことは一度もありません。反対に、保育者たちが実践をしながら考え、子どもたちの知的好奇心と発見に合わせて傍らにいることに、私は喜びを感じました。保育者たちは開放的で、かつ子どもたち自身の活動を喜んで受け入れることで、複雑なプロジェクト活動を発展させていきます。

実際に、この園の空間の至る所にあるドキュメンテーションは、思考と学びの喜びを可視化しています。その記録は、子どもたちの経験のドキュメンテーションとことば、ビジュアルイメージ、3次元で表現された事例の数々が統合されたものでした。私の経験から、これはカンチェーミ先生が園長の仕事の一部として、学びのプロセスを保育者とともに何度も考え続け、その過程を意味づけることをされてきたこと、またさらにそれだけではなく、非常に多くの深い思考、気づかい（ケア）、省察があった時にはじめて可能となるものだとわかりました。私はカンチェーミ先生の園を訪れる楽しみを得て、そこで時を過ごす中で、レッジョの哲学がELCの皆さまの解釈により、いかに生き生きとよく生かされているのかについて、数多くのことを学ばせてもらいました。

Lella Gandini Ed.D.
US Liaison for the Dissemination
of the Reggio Emilia Approach
レラ・ガンディーニ　教育学博士
北米レッジョ・エミリア・アプローチ普及連絡機構代表

　2人めは、レッジョとハーバード大学プロジェクト・ゼロとの共同研究実施の1人として共同著作『Making Learning Visible』を執筆するのにも携わり、また日本に来日される時にELC訪問をとても楽しみにされておられたベン・マーデル先生です。以下のようなメッセージをくださいました。

　　保育者や幼児教育関係者は、ELCの仕事から数多くのことを学ぶことができるに違いありません。それは、この園が他者が取り入れることのできるようなモデルとなる1つのカリキュラムをつくりあげたからではありません。まさにその正反対です。なぜなら、この園での指導と学びは、特定の子ども、保育者、その場に固有の独自のものだからです。
　「公園との対話」は、その素晴らしい実践例です。他のどの園でも、港の見える丘公園の長期的探究を同じように取り入れることはできないでしょう。それは園がその公園と隣接しており、横浜中通りの小高い丘の上にあるということもあります。しかし、さらに重要なことは、ここで展開されている探究が、子どもたちの興味や関心と問いによって決められて行われていることです。
　私がその公園を訪れた時、横浜ベイブリッジの眺めに魅了され、800メートルも広がる橋の斜張構造に圧倒されました。しかし、子どもたちのまなざしは、もっと手元の近い所にありました。公園の樹々、植物、花、虫たち、噴水からの水の流れ。そして、その場所は子どもたちが走り、踊り、歌うことへとどれだけ心を動かすものであるか。じっくりと耳を傾け、ドキュメンテーションの助けとともに、保育者は子どもたちのために、それらを表現するために5つの小グループをつくりました。そして、その小グループの子どもたちは、互いに自分たちの間で、また他のグループの人とともに考えを分かち合うために、写真を撮ったり、絵を描いたり、粘土を使ったり、ポエムを書いたりしていました。
　カリキュラムがユニークであると同時に、

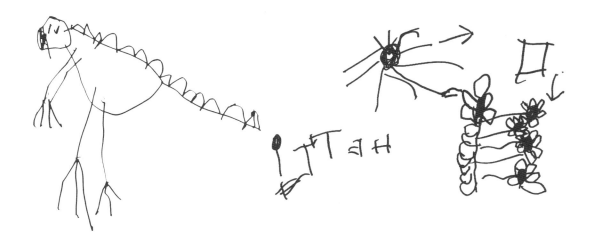

そこには他のどの園にも伝えることのできるプロジェクトを導く原理があります。それらの原理には、以下のことが含まれています。

・子どもたちが相互に聴き合うことができるような、小グループの活動を大事にする
・子どもたちが多様な言葉／シンボルシステムを使用して、世界を探索し、表現するのを支援する
・カリキュラム（の次の展開）を導くように、ドキュメンテーションを活用する

　読者の皆さまは、ELCの活動のドキュメンテーションを読んだ時、あなたの仕事にも元気を与えてくれる、他の原理の数々もきっと見つけられることでしょう。
　これまで、私は世界の様々なクラスルームを訪問する機会に恵まれてきました。そして、私はインターナショナルスクールにいる時は、特別な印象をもつことが多いのです。それは、どこのインターナショナルスクールでもそうです。クラスルームが美しくなかったり、指導がすばらしくなかったことは、これまでにはありません。しかしそこには、私が北京にいてもボストンにいてもベルリンにいても、どこにいるのかを言うことが難しくなるような均質な感覚があります。
　しかし、ELCはそうではありません。ここには、そのまわりに囲まれた文化とコミュニティとの強いつながりがあります。そしてここには、かけがえのない集団を形づくるために一体となっている、独自の一人ひとりのための場であるという強い感覚があります。この生きてつながる有機的なフィーリング（感覚）が、園を活気と喜びで一杯に満たしてくれます。

Ben Mardell
Professor, Early Childhood Education,
Harvard University Cambridge, Massachusetts (USA)

ベン・マーデル　教育学博士
ハーバード大学大学院教育学研究科
プロジェクト・ゼロ主任研究員

　そして、シンガポールでレッジョ・エミリア・アジアの代表をされていたヘザー・コンロイ先生は、以下のように述べてくださいました。

私が親愛なる仲間カンチェーミ・ジュンコ先生にはじめて会ったのは、レッジョの教育プロジェクトの価値や原理についてともに深く関わったことからでした。私がカンチェーミ先生の園を訪問した時のことを振り返ると、「価値が可視化してくる」ということばがありありと私の頭をよぎります。

　私たちは園庭に入った時、小グループで遊んでいた子どもたちが保育者であるカンチェーミ先生に深く関わっているのを目にしました。カンチェーミ先生はあたたかく私たちを受け入れ、これらの探究グループの１つに加わらないかと声をかけてくれました。子どもたちはスケッチをしたり、写真でイメージを撮ったり、子どもたちの探究について議論をしたりで忙しくしていました。そして、子どもたちは自分たちの探究の発見を共有することを切望し、そしてそのことに自信ももっていました。カンチェーミ先生は子どもたちと関わりながら、自分たちの学びを集団でさらに振り返り、その集団でさらに出会い気づくように、注意深く記録していました。共同研究者（探究者）としての保育者と子どもたちという価値が、まさにそこに実態としてありました。

　その朝の出来事の後、クラスルームを訪問してみて、学びの空間のデザインと編成において隅々までケアと心づかいがあることは明らかでした。子どもたちが声をもっている場であり、彼らの考えや関心がカリキュラムデザインに組み込まれ、大人が子どもたちと密に協働して保育をしている空間であることが明らかでした。

　子どもたちの思考の軌跡は過去のドキュメンテーションと現在の探究、そして進行中の活動のプレゼンテーションの中に大事に扱われ、書き込まれていました。

　子どもたち自身の生活の流れの中で、親しみがあり重要であるものを取り入れるように保育者によって熟考された結果として、家庭と文化がそこに確かに「存在」していました。

　光と自然は、調和と美の関係性の中に存在しています。それが穏やかさ（静謐さ）を醸し出し、集中の感覚を創り出しています。

　アトリエの空間は、子どもたちのプロジェクト活動をしっかり支援できるように、子どもたちが様々なメディア（ことば）で関われるように誘っています（ある時、子どもたちは風のチャイムをつくっていました。そよ風が吹き動くと、食堂のテーブルの上をオレンジピールとクローバーの香りが漂うようなチャイムを提案していました）。

　この活動のあり方はとても複雑です。連続的に振り返りながら、その過程で、子どもや子どもたちの学びと私たち教育者としての役割についての価値や信念を示すことが求められます。「価値が可視化する」、これはELCとは一体どのようなところかを示すものです。ELCのカンチェーミ先生と同僚の先生たちに対して、子どもたちやご家族とともに、そして彼らのためにこの旅路を続けてきてくださったことに感謝と敬意を表します。

Heather Conroy
Former Director, REACH (Reggio Emilia in Asia for Children)
ヘザー・コンロイ
レッジョ・エミリア・アジア 元代表

この本の中に観える
レッジョの教育哲学と姿

　本書では、私たちはレッジョの哲学に基づく実践の原理や意味として何を学べるのかを、この園の実践記録を通して問いたいと考えました。インターナショナルスクールですので、保育者も子どもも英語が共通の使用言語になっており、実践の記録も英語です。それを日本語に翻訳を介してお届けすることで、日本のこれまでの保育とは違う視点を感じてくださる越境の経験（border crossing））をしていただけたらと思います。

　その対話こそ、レッジョの思想から学ぶ対話経験になるのではないかと考えるからです。その中で、私自身が重要と考えている「子どものイメージ、子どものアイデンティティと権利の保障」「聴くことの教育学」「探究、研究者としての子どもと保育者」「協働する子どもによるプロジェクト」「審美性」「ドキュメンテーション」「保護者・地域の参加」について、このELCがどのようにそれを追究し、可能としているかに注目して、最初に簡単に述べておきたいと思います。

　それから前園長であるカンチェーミ先生ご自身にELCを語っていただくとともに、実際に行われた探究やそのドキュメンテーションの内容、そしてアトリエの姿をご紹介しますので、味わっていただきたいと思います。

保育への問い
探究、研究者としての子どもと保育者

ローリス・マラグッツィのことばに、「創造的な保育者には2つのポケットが必要、1つは確かな知識を入れるポケット、もう1つは不確かな問いを入れるポケット」というフレーズがあると、前にレラ・ガンディーニ先生からうかがいました。保育者は専門家として、多くの保育に関わる専門知識が必要です。しかしそれだけではなく、常に参加し探究することが、レッジョの思想において重要なことであろうと思います。保育者が保育をどのように問うのかが、保育というものへのアプローチであると思います。

私は、ELCの実践に出会い、保育者が保育に対してどのような課題意識や問いをもったかというところにおいて、これまでの保育との文化差を感じました。そのずれが、私に改めて自己内対話を生み出してくれました。たとえば、本書の中に公園の事例があります。園と隣接する公園なので、この公園については、毎年子どもたちによって様々な事例が生まれます。その時に、私たち日

本の保育では、「今日は子どもたちは公園で何をするのか、何で遊ぶのか、何を経験させどのように関わるのか」という意識が強いように思います。毎日公園に行っている園ではそうした意識も生まれずに、そこに行って過ごすだけかもしれません。

それに対して、ELCの実践記録の根幹にあるのは、「子どもにとって公園とは一体どういう場なのか、どういう意味を子どもに与えてくれるのか、子どもは公園とどのように出会うのか、そこで何を見出すのか」といった問いです。これはとても大きな問いです。一方でその問いは、子どもたち一人ひとりがその場にどういるかを問うことにつながります。そのため、保育者は子どもの経験を見つめることになります。そしてそれは、公園と園庭の違いや、子どもには公園はどのように見えているのかという問いになります。大人の見方ではなく、子どもにはどう見えるか、どう出会うかです。また時には、保育者自身がその問いを直接子どもたちに問いかけます。そして、子どもたちが公園の中で出会ったものを見つめ直すことが生まれます。レッジョから出されているプロジェクトを記した本に『The Park is …』(Reggio Children, 2008)がありますが、これはそこでも見られる共通の問いです。

子どもにとって美しいものを問う時にも、「これはきれいね」と伝えるだけではなく、子どもにとって美はどのように経験されるのか、美とはどんな経験なのかが価値として問われます。「美しいもの」をお当番の子が交替で持ってきて、おやつの時に机の上に置くという場面がありました。一人ひとりによって美しさは違います。しかし、それを通して、子どもたちが単にきれいとか美しいという感性を育てるだけではなく、美しさという価値を自分なりに感じ、それを表現し分かち合うのです。それは難しいことではなく、3歳や4歳の子どもの表現に対して、保育者がどのような問いをもってその場面を観ているのかという、保育を観る時の背景にある価値の文化差なのだろうと思います。おそらく本著でも、改めてそうした問いをもって探究し参加することが保育者の専門性になり、子どもの見取りにつながることを感じていただけるのではないでしょうか。また同時に、子どもの問いが保育者の問いにもなります。探究者としての子どもについて学ぶ保育者という

文化が、園の中で保育者がいつも子どもの事例を語り合う同僚性となって、園の風土を創っていきます。とくに、インターナショナルスクールでは多様な価値観があります。だからこそ、それが単に調和するというだけではなく、問い直されたり、新たな知識を互いに拡張し合う関係を生み出すのだと思います。

子どものイメージ、アイデンティティと権利の保障

保育を観る時にもつ問いと同時に、子どもについてどのようなイメージをもつのか、そこから子どもに関わる専門家としての保育者や園と保護者との関係についてどのようなイメージをもっているのか、それをどのように共有し語るのかが、保育のあり様、具体的には保育者の関わりや環境のあり方を決めていきます。現在のレッジョ・エミリア財団理事長であるカルリーナ・リナルディ氏は、「子どもについてのイメージ（Image of the Child）」について著作の中で以下のように述べています。

「各々の子どもは可能性、希望のはじまりである。そして多様なレベルでの意識、意志、勇気、そして子どもを受け入れる国の政治の影響を深く受ける存在である。子どもたちは、私たちの未来であるだけではなく現在である。未来の市民なのではなく、生まれた時から一市民である。なぜなら、子どもたちは可能性を表現し、私たちにもたらしているからである。子どもは今ここの時点から、権利や価値、文化を生み出す存在である。子どもは子ども時代についての私たち大人がもっている知識だけではなく、子どもはいかに居るか、いかに生きるかについての子どもの知識を生み出している」（2006, p.178）

子どもは有能で能動的な存在であるといった一般的な概念は、わが国でも発達心理学の影響を受けて共有されています。しかし、子どもは市民であり、彼らを未来のあり様を今私たちに示してくれている存在として捉えることは、子どもを大人が何かを伝え教える存在としての大人−子ども関係ではなく、子どもと大人はある意味で対等に今と向き合う存在であり、子どもの今のあり様こそ大人が未来への新たな可能性を生むために学ぶ存在としての関係を生み出していく見方です。

「子どもは未来から来たものである」という表現がレッジョの哲学の中で紹介されていますが、そこには私たちが、大人からの文化の伝承を通しての未来への投資として子どもを見るのか、子どもを今私たちに未来を伝えてくれる存在として見ることで社会の変革にともに関わろうとするのかが表れています。子どもを小さな者としてではなく、子どもが大きく見える場面を大事にする思想が、どんな子どもにおいても具体的にどのように子どもをめぐる一つひとつの事柄が表れているのかを見たり聴こうとする姿勢を生み出します。それが子どもたちの権利という思想につながります。レッジョ・チルドレンでは、子どもを個々人の主体として、市民として社会的権利をもつ存在として見ています（Preschools and Infant Toddler Centres Istituzione of the Municipality of Reggio Emilia, 2017, p.22）。レッジョ・エミリア市では、「特別な支援のニーズをもつ子」という表現ではなく、「特別な支援の権利をもつ子ども」として、様々なハンディをもつ子どもがもつ権利が位置づけられ、それを社会、コミュニティがその子たちに対して果たす義務が明示されています。そうした観点から、「子どもたちの100のことば」としての多様な表現が大事になります。

それは言語を中心とした伝達と表現の過程だけではない現れを捉えることを求めることにつながります。それが自然にコミュニケーションにおける落ち着きや間を生み出していくことになります。

　私がはじめてELCにうかがった時に、象徴的に感じたことの1つに、何かものを創りはじめて創りかけになっている傍らに、子どもが自分の顔写真を置いていることがありました。誰かの使いかけの玩具や創りかけの作品でも、それを壊してすぐ使ったり他の人がそのまま使ってしまうのではなく、その友だちの思いを大事にしてあげようという子ども相互の関係性がそこには表れていました。また作品にも、子どもの顔写真などがいつも添えられていました。作品の展示などで氏名が文字だけで書かれているのでは、子どもが読めないからです。日本でも最近では顔写真を使う園も増えていますが、ELCでは3、4歳の子ども自身が自分や友だちの作品を大事に誇りに思う意識を尊重するからこそ、そのようなことが見られました。一つひとつの作品やことばが個性的で多様であることの中に、子どもの声や存在とそれを大事にしようという文化が表れていました。多様な文化や言語の中で生きてきた子どもたちが互いの存在を大事なものとして捉えるために、顔写真が表現方法になっているとも感じました。インターナショナルスクールであるからこそ、それぞれが育ってきた文化を尊重し大事にすることがなされていました。これは、おそらくレッジョ以上にELCが意識してきたことかもしれません。お茶1つでも育ってきた文化で違うからこそ、子どもや保護者が自国のお茶を振る舞うなどの活動がされていました。それがまた、その子のアイデンティティをより明確にしていたように思います。その子らしさを捉え、その子らしさの背景にある文化や価値を保育者が共有することによって、他者を認め合う文化を創ることがELCでは大事にされています。子ども一人ひとりを大事にというのは、日本でもとても大事にされています。さらにELCでは、その子が生まれ育ってきた文化とその子が今生み出そうとする文化を保育者が理解しようとすることが、心地よい居場所感を創り出しています。と同時に、だからこそ日本文化としての行事やその季節のものが、時には日本の園以上にELCでは大切におかれていました。

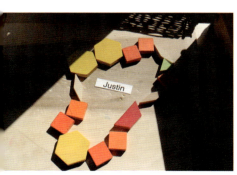

聴くことの教育学とドキュメンテーション

「**聴**くってどういうことを意味すると思う？」「おとがみみにはいって、それがハート（こころ）のなかにもはいったら、ほんとうにきけているとおもう。ハートはほんとうにきいているの。わたしはともだちのKのことをハートできいているの」。また、こんなふうに応えている子どももいます。「こどもたちは、きいている。せんせいも、せんせいたちのことをきいている。そして、せんせいたちも、こどものことをきいている。これが、きいているということ。みみにはいる、きくって、そのひとがなにをいおうとしているかを、きくことだよ。みることで、じっとみつめあうことができる。みることでわかるんだ。でも、みえないものがある。かぜのようなものがやってきて、ちょっとみみにはいってくる。これがおと。こんなふうにはいっていって、これがそのみち。わたしは、このひろいせかいじゅうを、きいてみたいな」

これは聴くということについて4歳児クラスの子どもが語ったことばを、保育者が聴き取って書かれたものです。子どもたちは、本当にとても聴くことが大好きです。こうした聴き合う関係をELCでは、糸電話などの活動とともに子ども自身に「聴くって？」とたずね、記録していました。

リナルディは、「聴くとは、他者に対して価値を与えること、他者に対して開かれていること、そしてその人が言おうとしていることに対して開かれていること。聴くことは他者の視点を正当化し、それによって聴き手と話し手をともに豊かにすること」と述べています（2006, p.120）。ELCではこのことばを保育者たちが共有し、子どもの声を聴くことをいつも大事にされていました。私はELCに行くと、子どもの人数が日本ほど多くはないということもありますが、夢中になっていてしっとりしている保育の時には、子どもはものとの対話、仲間との対話をし、保育者は子どもに耳を傾けており、無駄なことばを発して子どもとものとの対話を切らない様子を感じました。

だからこそ、子どもの存在を深く捉えるために、記録が丁寧に綴られていました。それはいわゆるドキュメンテーションとして園の様々な空間に掲示・共有されるだけではなく、7～8年前からずっとブログとしても紹介されていました。出来事のみではなく、それを通して一人ひとりのポートフォリオも創られ、それぞれの子どもと保護者もいつでも見返すことができるようにクラスルームに置かれていました。それを見ることによって、その子自身の育ちやその子らしさが感じられるようなものとなっていました。こうした目に見えるものだけではなく、子どもたちの相互のコミュニケーションではそれぞれに発言に耳を傾け、そして「待つ間」を大事にする雰囲気がゆっくりとした落ち着いたクラスの雰囲気を醸し出していました。保育者が他の子どもを待たせるのではなく、

子どもが心待ちにして「あの子は何をしてくれるのかな、何を言うのかな」という間が、集まりの場などでも感じられました。聴くことは参加であり、探究であり、そしてそれを綴ることを通して、新たな世界が広がるのだと思います。特に、大人と子ども、どこかの国と国などの文化の境界を越えていくことの経験が、ELCではこの記録を通して可能となっていました。

そして、それを保育者だけではなく保護者もまた懇談会などを通して経験し、子どもの見方の価値と概念を共有していました。保護者懇談会でレッジョの哲学の話を保育者がされるのに、保護者が耳を傾けるという関係が、ELCでの子どものイメージを創り出していました。

STORIES behind the ENVIRONMENTS and MATERIALS of the REGGIO EMILIA PHILOSOPHY

ものとの対話

レッジョの哲学におけるアトリエは、絵を描いたり、工作の技術を向上させることを目的とした絵画・造形室ではありません。表現(expressive language)を通して、自分や他者とコミュニケーション（対話）をする精神的、物理的な場所です。そこは安心して、手と心を使って、ものと関わり合える空間でなければなりません。そこは「もの」と出会い、見つめ、思考する場ともいえ、一人ひとりのアイデンティティの形成の場ともいえます。

たとえば、私たちはものに囲まれて生活しています。草花、海、山、雲、生物などの自然界のものから、携帯電話、椅子、家、道路などの人間のつくったものもあります。私たちはそれらのものとどのように出会い、関係しているでしょうか。子どもたちはどのようにそれらと出会い、関係しているでしょうか。そして、私たちはそのことを理解しているでしょうか。

日々の保育の中で、子どもたちが活動をするグループはどのようにできているでしょうか。たとえば、男の子、女の子という性別で分けられたり、班ごとの机の記号（マーク）で分けられたりといったことを目にすることがあります。このグループ分けは、子どもたちとどのように関係しているでしょうか。日常で繰り返し使用されるにつれて、分類することが目的の便利な記号やルールと化していたりはしないでしょうか。

ある日のELCでは、靴下の色ごとに子どもたちのグループ分けをする保育者の姿がありました。他の日には、劇の配役ごと（自分で選んだ役）の日もありました。また、アルファベットに興味をもった子どもたちによる、自分の名前の中に友だちと共通するイニシャルを見つける活動もありました。ELCの保育者は、その日その日の子ど

レッジョの哲学における素材と場のしつらえ

もたちの様子や特徴をよく観察していて（聴いていて）、子どもたちのもっているものや特徴を、彼らのアイデンティティの1つとして価値をつけていっているのではないでしょうか。

家族から与えられたもの、自分で選んだもの、身体的なもの、自分の生活の中で関わるもの、それらは地域的、文化的な背景や文脈を含んでいます。一つひとつのものとの関わりの集まりが、個人のアイデンティティを形成し、私たちの生活や文化はそれらの集まりで成り立っているのです。

人とものとの関わりとは、本来どのようなものでしょうか。子どもたちは、どんなふうにものと出会っているでしょうか。美しさに目が離せない、驚きに目を見張る、気になる、好きになる、気持ち悪い、怖い。そんなシンプルで直感的な好奇心ではないでしょうか。それは個人的な気持ちであり、過去に経験した情緒的なストーリーも関係しています。

子どもたちとアトリエリスタ／アーティストの資質には、共通しているものがあります。直観力（自分自身の感じ方、視点）と観察力（自分の対面するものや人、こと、環境をよく見てリサーチする力）です。この直感力と観察力は「審美性をもった眼をもつ」ともいい換えられます。

審美性という概念は、主観的で抽象的なものですが、ものと向き合い、本質を探るうえで重要な要素であり、言葉や文化、歴史を超えて、人々と共有できる強さをもったものだと考えます。そしてそれは、多様な価値観をもつ社会の中でコミュニケーションを取る力強い手段となり得ます。

ゆえにアトリエは、「どんなものと、どんなふうに関わりたいか」と、自身とものとの関係の意味を探り見つけていく（対話する）場であり、外に向かって表す場であるだけでなく、内省的な場であるともいえるのです。

越境の経験

素材とその文脈

レッジョのアレンデスクールのアトリエを考えてみます。アレンデスクールは室内のアトリエとともに、園庭全体をアトリエとしています。そこには、様々な種類の枝、木の実、石、化石、動物の骨などの自然素材を中心に、子どもたちが自由に手に取って遊べるものが何百種類も用意されています。園庭には、木々や植物とともに、様々な動物も生息しています。そこはまるで動物園や植物園、博物館などのミュージアムのようで、生命の輝きと、色や形、質感の美しさなどの多様性に魅了されます。

ただし、ここで重要なことは、単にそこに何を置くか、どれほどのものを設置することができるかということでも、そこで何をするかといった内容の工夫だけでもありません。アトリエリスタのステファノ・ストゥローニ先生は、「子どもたちの身のまわりの生活の背景にはどんな文脈があり、子どもたちはそこで何を見つめているか」と、「ものとの関係」に丁寧に目を向け、何の素材をどのような意味をもちながら子どもの環境に提供できるのか、そのタイミングや関わり合いの時間や配慮も含めて考えることをしています。

ステファノ先生は素材の名称や分布はもちろん、一つひとつのものが、どこの土地にどんな状態であったのかを愛おしそうに話してくれます。

たとえば、1つの牛の脊椎の話を聞きました。「1988年に、私がレッジョ・エミリアの山を歩いている時に出会いました。そこには、牛の骨格全体がありました。その一頭の牛に何があったのか想いをめぐらせましたが、彼の死の背景の物語を誰が知りえるでしょうか。その骨はとても美しかったです。全体の骨が美しかった。でも、私は、バックパックも、大きな袋も持っていなかったので、それをすべて持ち帰ることはできませんでした。そこで、自分のズボンのベルトを使って1つの脊椎でネックレスをつくり、持ち帰りました。この脊椎は、もっとも美しい1つです。まるで飛行機のようにも見えます。この骨は何年もの間、アトリエにあって、子どもたちと遊びや学びをともにしてきました」

　地学者であり、写真家でもあるステファノ先生は、レッジョの土地がもっている、街がもっている自然界の質（クオリティ）を熟知しています。街だけではなく近隣の自然公園から、イタリア全土でのリサーチも欠かしません。

　レッジョの哲学に触発された保育者は、子どもたちが物理的、概念的に何と出会い、出会ったものに対してどう感じ、どういった経験をしているのかということを、いつもシビアに観察しています。「教育とは、教えることではなく、観察することだ」とステファノ先生はいいます。レッジョの哲学に基づき実践する保育者にとって、観察する力は保育を行うにあたって重要な要素です。ステファノ先生の鋭い観察力については、「通勤途中の車の中から、突然、新種の植物を発見した」というエピソードがあるほどです。

コンセプチュアルな場のしつらえ

　アレンデスクールの室内や園庭は、そんな想いをもつアトリエリスタが保育者、子ども、保護者と一緒になり、何年もかかって構成し続けてできたアトリエです。そのような文脈を背景に、「自然との関係」「学校とアウトドア」という学校のアイデンティティがつくられています。

　そこには四季があります。たくさんの生命による生と死があります。園庭における自然と、室内での自然物とでは、同種であったとしてもそこにあるストーリーは異なります。つまり、子どもにとっての出会い方も変わってきます。

　ステファノ先生によるアトリエのしつらえを通

Photography by Fumiko Ito at the Salvador Allende municipal preschool of Reggio Emilia

して、子どもたちは自然を色彩、形態、重量のような測れるものから、感触や匂いなどの五感で感じるもの、または親近感や恐怖感などの感情的で心理的なもの、生と死のような原理的問いまでも、自分の直観力を敏感にしながら、あらゆる角度からリサーチすることができます。子どもたちは、アトリエのものを通して、レッジョ・エミリア市やイタリアの大地と出会い、思考しているのです。

アトリエの中には、鑑賞や観察できる素材と、子どもたちが実際に手に取って使用できる分量の多い素材、そして対象を理解するための媒体となる画材や道具が用意されています。また、それらを使用した子どもたちの表現（作品）や、そのプロセスを垣間見れるドキュメンテーションも置かれています。その一つひとつの位置関係は、丁寧にデザインされ、目に見える関連づけがあり、1つの体系があります。アトリエでは、場が整理されたり単にきれいに片付けられたりしているというより、場の関係性、ものとものとの関係性のデザインが審美的になされていることが重要です。

レンデスクールのアトリエにおいて、子どもたちは蔓を編んで遊具をつくるというような自然に手をかけることで暮らしの質の変化を求めたり、一時の花の匂いを集めて自分たちの香りをつくり出したり、春に動き出した生命の喜びを病院の子どもたちに伝えるために絵を描いて表現したりしていました。それはものをよく観察することと、自分とものとのつながり（それぞれの興味のもつ入り口）から、もののもっているストーリー、文脈（アイデンティティ）へと丁寧に対話を進めていく行為です。加えて重要なことは、そうした自身のものとの対話のストーリーと別の他者が出会い対話してきたストーリーを知って、そこから新たなストーリーが生成されていくことです。それは文化の生成ともいえます。それらの生成に、プロセスが可視化されるドキュメンテーションが用いられます。ゆえにドキュメンテーションとは、そんな子どもたちの対話や思考のプロセスが可視化されていて、また場に開かれてもいる、つまりはさらなる対話を見つける手段となるものである必要があるのです。

開かれたドキュメンテーション

ドキュメンテーションとは1日の保育日記でも、子どもの活動経験を保護者に伝達するためだけの道具でもありません。子どもたちがどのようにものと出会っているかのストーリーを切り取ったものです。「それって、なんのこと？」「それって、どういうこと？」と、私たち（大人も子どもも）が一緒になって話し合うために、問いをもって考え続けるための、探究という道を歩き続けるための指標となるものです。

たとえば、アトリエでの子どもたちの探究、ア

ELCにおける素材と場のしつらえ

ELCのアトリエリスタの山田百香先生のアトリエには、どのような場の関係性のデザインがなされていて、どのようなアイデンティティが感じられるのでしょうか。

私が訪れた時、アトリエの棚には乾いた色彩をもつ繊細なドライフラワーが並べてありました。この素材は、もともと保護者から保育者へのプレゼントだったそうです。素材の扱い方、置き方から、山田先生とその花の関係性「感謝の心、人々

の関わり」と「命に対する敬意（たとえ枯れたり乾燥した花などでも美しくて価値があること）」を大切にしていることを読み取ることができました。ここに見られるディスプレイに対する配慮は、精神的、物理的な美しさを引き立てていました。そのような環境の中で、子どもたちの、素材に魅了され、招待されるようにものと出会って探究をしている姿がありました。

また、ELCのアトリエでは、画材も1つの素材になります。色紙や色鉛筆、絵の具などを通して、春の季節のやわらかく美しい色合いや、春風のようなあたたかい透明感と子どもたちを出会わせたいという山田先生の気持ちを見て取ることができました。そして、それらの素材のそばには、子どもたちの表現やその表現にまつわるドキュメンテーションが置かれていて、そこにどんなものの見方や探究があったのか、他者の考えを感じることもできました。

ELCのアトリエでは、たとえ子どもがいない時間でも、この園のチームの対話に参加することができるような、子どもとのつながりや思考が見える美しい環境が創り出されているのです。

STORY *of the* ELC

ELCの物語

Text by Junko Cancemi
Translation by Yuka Yamada / Sakiko Sagawa

HISTORY

　YISは、洋館が立ち並ぶ神奈川県横浜市山手地区にある緑と花に溢れる港の見える丘公園の隣に、横浜の外国人コミュニティによって1924年に設立されました。これは、子どもたちが英語で教育を受けられる学校を、という要望に応じてのことでした。当初は「日本に駐在する特定の国の人々のための学校」、つまりイギリス人のための学校で、1950年代に設立された3～4歳の子どもたちで構成された幼稚部は「キンダーガーテン」と呼ばれ、初期のカリキュラムは当時多数を占めていたイギリス人コミュニティのニーズに沿い、5歳で小学1年生になるイギリスのシステムを踏襲していました。しかし、年齢要件の見直しと、様々な国籍の子どもたちのための学校へと移行する中で、5歳児のための就学準備の部がキンダーガーテンの中に新たにつくられ、読み書きをふくむ教育プログラムも行われるようになりました。さらに、1990年には新たな目的のもと、3～5歳児の4つのクラスからなるキンダーガーテンに変わりました。1つは3歳児のナーサリー・クラス、1つは4歳児のトランジション・クラス、残り2つは5歳児の就学準備クラスでした。

　そして、現在のELCのシステムは1998年の秋につくられました。当時の初等部（3～12歳）への入学者数が増加し手狭となったため、3、4歳児クラスをYISの敷地外に移転・独立させたのがきっかけでした。それ以降、日本とは異なりますが、5歳児のクラスだけがキンダーガーテンと呼ばれ、初等部に残りました。

　興味深いことに、3、4歳児クラスではこの移転をきっかけに2つの大きな変化がありました。物理的（physical）変化と概念的（conceptual）変化です。まず物理的変化は、建物が独立したことで、時間的、空間的な柔軟性をもてるようになったことです。たとえば、子どもたちはYISの他のスケジュールに合わせることなく園庭を使用できるようになり、この物理的自由を得たことで、保育者は子どもたちのリズムに合わせたスケジュールでプログラムを提供できるようになりました。そして、概念的変化は、物理的変化によって時間面と空間面での自由と柔軟性を得たために、保育者が子どもたちとの交流を臨機応変に組

歴史

むことができるようになったことです。保育を構想するにあたって、保育者と子どもたちの双方が思考的にも自由で柔軟性のある屋内外の経験を行えるようになりました。さらに、ELCが独立したことで、園内部の前向きなサポートシステムを築くために、保育者同士がより密接に、オープンに仕事をしていく必要性も出てきました。

ところで、プロローグでも説明したように、1998年はELCがPYPをスタートした年でもありました。これはテーマ中心の従来のアプローチから、探究・概念中心のアプローチへの転換でした。そして最初の2年間、当時の校長によって3、4歳児クラスのプログラムの見直しがすすめられ、2000年の秋に新しいELCの園舎が完成すると同時に、PYPのカリキュラムの中でレッジョの哲学を解釈し、適用・実践する挑戦がはじまりました。

CURRICULAR FRAMEWORK

　PYPはコンテンツ（テーマ）ベースではなく、コンセプト（概念）ベースの学びです。3〜12歳までの子どもを対象にし、クラスルームの内外で子どもを探究する人と見なし、その全体的な発達に焦点をあてています。国際的に重視されているPYPの教科の枠をこえた学際的（教科横断的）な6つのテーマ（transdisciplinary theme：以下、学際的テーマ）に基づいたカリキュラムです。6つの教科領域［言語、社会、算数、芸術、理科、体育（身体・人格・社会性の発達）］に由来する知識とスキルを使うことを目指した探究が中心になっています。認定校（IB World Schools）は地域に根差した課題や地球規模の課題をカリキュラムに取り入れ、子どもが教科の枠を超えて学びの一歩を踏み出す機会を提供しています（国際バカロレア機構、2018）。

PYPの基本要素の統合

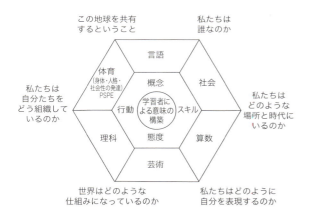

国際バカロレア機構, 2018, p.66 より作成

カリキュラムの枠組み

PYP の教科の枠をこえたテーマ（6つの学際的テーマ）

私たちは誰なのか : Who we are	自分自身の性質、信念と価値観、個人的・身体的・精神的・社会的そしてスピリチュアルな健康、家族・友人・コミュニティー・そして文化圏を含めた人間関係、権利と責任、人間であるということはどういうことなのか、ということに関する探究。
私たちはどのような場所と時代にいるのか : Where we are in place and time	場所と時間への適応、個人の歴史、家と旅、人類による発見・探検・移住、地球規模そして地域レベルの観点から見た個人と文明の関係性と相互的な関連性に関する探究。
私たちはどのように自分を表現するのか : How we express ourselves	私たちはどうやって考え・感情・自然・文化・信念・価値観を発見し表現するのか、私たちはどうやって自分の創造性について考え、それを発展させ、楽しむのか、私たちの美の鑑賞についての探究。
世界はどのような仕組みになっているのか : How the world works	自然界とその法則について、自然界(物理学的および生物学的な)と人間社会のかかわり、科学の原理について理解したことを人間がどのように利用しているか、科学的・技術的な発展が社会や環境に与える影響に関する探究。
私たちは自分たちをどう組織しているのか : How we organize ourselves	人間が作ったシステムとコミュニティーの相互的な関連性、組織の構造と機能、社会的意思決定、経済活動とそれが人間と環境に与える影響に関する探究。
この地球を共有するということ : Sharing the planet	限られた資源を他の人々そして他の生物とどのように分け合うかということに取り組むうえでの、権利と責任について、コミュニティーとは何か、そしてコミュニティー内およびコミュニティー間の関係性、機会均等の実現について、平和そして紛争解決についての探究。

国際バカロレア機構, 2018, pp.14-15より作成

　YIS では、毎年5歳児クラスから12歳までの子どもたちが、この6つの学際的テーマに取り組みます。そして ELC の子どもたちは、それぞれの年にレッジョの哲学でも追求する「私たちは誰なのか」と「私たちはどのように自分を表現するのか」の探究をふくむ4つのテーマに取り組むことを必須にしています。具体的には、3歳児クラスでは「私たちは誰なのか」「私たちはどのように自分を表現するのか」「世界はどのような仕組みになっているのか」「この地球を共有するということ」の探究に取り組み、4歳児クラスでは「私たちは誰なのか」「私たちはどのように自分を表現するか」「私たちはどのような場所と時代にいるのか」「私たちは自分たちをどう組織しているのか」の探究に取り組みます。そのため、ELC に通う子どもは2年間で6つの学際的テーマすべてに取り組むことになります。子どもたちはそれぞれのクラスの水準に応じてこのテーマに取り組みますが、探究ユニットの中心的アイデア (central idea) はクラスによって異なります。学際的テーマの中心に各クラスで異なる中心的アイデアをおくことで、形 (form)、視点 (perspective)、変化 (change)、機能 (function)、関連性 (connection)、省察 (reflection)、因果関係 (causation)、責任 (responsibility) といった異なる重要概念 (key concept：「重要な問い」とも表現されます) から深く学ぶことができます。たとえば、「私たちはどのように自分を表現する

のか」という学際的テーマを、3歳児クラスでは「人は自分を表現するために100のことばを使う」という中心的アイデアのもと、形（どのようなものか）と省察（経験から何を学んできたのか）に着目して探究します。一方、4歳児クラスでは同じ「私たちはどのように自分を表現するのか」という学際的テーマを、「物語は様々な方法で語られる」という中心的アイデアのもと、機能（どのようになっているのか）と関連性（他のものとどのようなつながりがあるのか）に着目して探究します（詳細は、国際バカロレア機構「PYPのつくり方」2018を参照してください）。

　PYPは、子ども一人ひとりが目指すべき学習者像（IB Learner Profile）についてよく考え、向上できるように努めています。その学習者像とは、探究する人、知識のある人、考える人、コミュニケーションができる人、信念をもつ人、心を開く人、思いやりのある人、挑戦する人、バランスの取れた人、振り返りができる人です。私たち保育者はこの学習者像を、多様な価値観をもち、様々な文化的背景の人による異なる解釈を受け入れられる開かれたものであると考えています。

　さて、ELCでは、PYPのカリキュラムの枠組みにレッジョの哲学を取り入れています。しかし、

だからといって、2つを混ぜ合わせている訳ではありません。レッジョの教育者の考え方を通してPYPに取り組むことで、保育者の子どもとの関わり方は少しずつ知識を蓄え、質を高め、豊かなものになってきています。レッジョの教育者は学びの過程を記録する方法論をしっかりと示し、その方法論は、成績や理解度を測るよりも学び手の可能性に光をあて、子どもたちが周囲の世界を理解し、解釈しようとして使う方略や意味づけをする過程で使う方略をじっくりと観察することへと誘ってくれます。さらに、「子どもたちの100のことば」という概念を理解することで、日々の子どもとの関わりを見直し、振り返るための様々な解釈と観点をもつことができています。このような概念的空間と居心地のいい物理的空間があってこそ、PYPの目指す学習者像が生まれてくるのだと思います。

　レッジョの哲学を通して深く考えることができる理由はここにあります。教育の場である園や学校が価値観を伝え、話し合い、築きあげる場になり、子どもたちとともに生きる場になるのです。

PHILOSOPHY : Nothing without Joy / The Element of Surprise

　日々の生活の中で、どのような瞬間に私たちは心の奥深くに喜びを感じるでしょうか。自然現象に対しても、人の何でもない身振りに対しても、不意に湧きあがるその瞬間は私たちが予期していない時にほど訪れます。たとえ一瞬でもそのような喜びの瞬間が訪れると、心は穏やかで幸せになり、顔には笑みが浮かびます。それはなぜでしょうか。一体、何が心の中に興奮のうごめきを引き起こすのでしょうか。理由が何であれ、興奮のうごめきが起きるたび、そのような経験は心と頭の中に蓄積されていき、私たちをより豊かな人間にしてくれます。

　先日、私は1つのエピソードを耳にして、とても悲しくなりました。あるグローバルカンパニーが入社面接で「最近、感動したことは何ですか」という質問を投げかけた時、就職希望者がその質問にまったく答えられなかったというのです。私たちが興奮のうごめきを感じ、その瞬間をずっと味わい続けることができるとしたら、それは何て幸せなことでしょう。ローリス・マラグッツィは「喜びなくして何もない（There is nothing without joy）」ということばを書き残しています。私はELCでの子どもたちや保育者、保護者との日々の関わりを通して、ようやくこのことばを深く理解できるようになりました。もし、「ELCの哲学の根本にあるものは何ですか」と問われたならば、この「喜びなくして何もない」だといっても過言ではありません。ELCは子ども中心でもなく、かといって大人中心でもなく、子どもと大人が互いに中心となって学びの喜びと知識を構成する場です。この喜びを感じ続けるには、私たち大人が子どもに寄り添い、子どもたちのリズムと心の鼓動に細やかに耳を傾けていく必要があるのです。

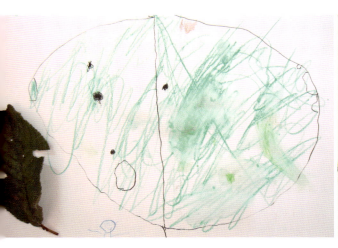

哲学：喜びなくして何もない／驚きの要素

次に、「驚きの要素」は、子どもと関わるうえで考慮すべき大切なものです。私たち保育者は日々、子どもたちとの学びの間で、伝え合う関係性をつくりあげ、そしてそれは予期できるものと予期できないものの狭間にあります。人が学びの旅の到着地を知っている時や答えのわかっている問いを投げかける時、学びはその歩みを止めてしまいます。つまり、先がわからず不確かな状態ではあっても、この予期できないものに驚くということは保育者や教育者、研究者に求められる要素であり、態度であると思うのです。対話(dialogue)や発見を通して疑問や質問があがり、アイデアの比較が行えるのは、向かうべき方向を探ることのできる関係性のある場です。子どもたちは、驚きの要素をもつことがいかに大切かを、いつも私たちに教えてくれます。驚きの要素があるからこそ、学ぶことが意味あるものになり、喜びに満ちたものになるのです。子どもたちは、時に意図的に、時に偶然に、そして時に予期せず、新しいものの見方を大人たちに見せてくれます。これが、学びと理解についてのELCの哲学です。

ENVIRONMENT : Time and Space

　驚きの要素といった予期しない出来事を深く味わい、大切にするためには、「時間」というものを意識しなければなりません。現代社会では、私たちはいとも簡単に速い生活ペースの罠にはまってしまいます。そして、もっと気をつけなければならないのは、子どもたちもまた、大人の時間のペースにはまってしまうことです。私がただ望むのは、子どもたちの時間がゆっくりと緩やかに流れることです。園を人が豊かになる生活の場と考えるなら、生活する時間について考える必要があります。生活する時間とは、つまり物事が進む過程に目を向ける時間であり、できあがったものや

環境：時間と空間

成果に目を向ける生産の時間ではありません。カルリーナ・リナルディは著書『In Dialogue with Reggio Emilia』の中で、「学校ということばの語源は、学校と時間の概念が結びついている。ラテン語の schola は、レジャーや自由な時間、勉強したり省察することに費やす時間を意味する」(2006, p.207) と述べています。彼女はさらに詳しく、「時間は関係性を築くために必要な要素で、学校が関係性を育み支える場である限り、子どもたちの時間や教師のための時間、一緒に過ごすための時間を提供するものであるはずである」と述べています。さらに、私はここに保護者のための時間もつけ加えたいと思います。

ELCでは、子どもと大人の快適な関係性を築くために、そして変化や選択の幅のある環境をつくるために、「空間」も大切にし、丁寧に考えています。空間は社会的な学びや感情的な学び、認知的な学びなどのすべてに、新たな輝かしい可能性をもたらすと信じているからです。環境は単なる建物の壁に囲まれた空間ではなく、外の自然環境もクラスルームの延長であり、私たちを取り巻く空間の一部と捉えています。園庭、そしてさらにクラスルームの窓から見える奥まで広がる景色を眺め、どのようにしたら屋外を屋内に取り入れ、屋内を屋外に持ち出せるのかを考えます。靴箱の上でも、ソファの近くのサイドテーブルでも、隅にある棚でも、どのような物理的空間にも無意味なものはありません。それぞれの空間に目をかけ手をかけることで、その空間に審美的なアイデンティティを生み出すことができます。

ELCでは、クラスルームや家具、道具、素材の配置の仕方は、毎年異なります。また、新しい年度がはじまっても、必要に応じて配置を変えることもあります。子どもたちは知識（knowledge）を与えられるのではなく、自らつくりあげていく主人公です。その子どもたちのニーズに敏感に応えるためには、子どもたちや保育者が頻繁に環境を変えられるよう、物理的に柔軟でなければならないと思っています。

散らからないように、そして道具や素材を与え

すぎないように心に留め、保育者は子どもたちに提供するものの種類、そしてそれらをどのように配置するのかに対して細心の注意を払います。なぜなら、周囲に邪魔なものやたくさんのものが溢れていると、道具や素材に対してありがたみが感じられず、たとえ美しいものであってもそう見えなくなってしまうからです。子どもたちが一つひとつの道具や素材を大切に扱い、その中から使うものを選べるように、また保育者が大切にしていることをわかってもらうために、どのくらいのものをどのように子どもたちに与えるのかは、保育者の感受性と感性にかかっています。

　たとえば、ある教育機関に足を踏み入れると、その空間にはそこをつくりあげた人たちの文化が反映されていることがわかります。環境は生き物であり、変わりゆくシステムです。物理的空間である以上に、構造化された時間や私たちが果たすべき役割が反映された概念的空間です。この概念的空間は、私たちの感じ方や考え方、振る舞い方を左右し、生活の質に大きな影響を与えます。ELCでは、審美的な環境づくりに努めています。ここでいう審美的とは見た目だけでなく、精神的な美しさも意味しています。子どもや保護者、保育者が心地よく過ごせる場として審美的な環境があるからこそ、意見の交換や交渉が活発に行えるのです。そこでは、必ずしも互いが合意に達しなければいけない訳ではありません。それよりも大切なのは、新たな考えに出会うことです。審美的な環境は、子どもたちにファンタジーとリアリティを同時に体験できる物理的空間と概念的空間を提供します。審美的な環境とは、細部や特性の至る所にまで敬意と心づかいがなされた物理的空間です。そこで互いを理解し、生きることを意味しています。このような審美的な環境は、価値観を伝え、共有し、構築する場になります。

　このようにして、ELCでは物理的にも概念的にも環境の質について考え続けます。審美的な環境を通して、ELCで過ごすすべての人たちの喜びが育ち、幾重にもなったそれぞれの文化や生活、価値観が紡ぎ出されていくのです。

RELATIONSHIP with PARENTS

園によって、保護者の参加の仕方は様々です。資金集めや遠足の付き添い、また料理やスポーツ、木工の体験といったそれぞれの保護者の才能や関心に応じた専門的な知識や技能の提供など、保育者をサポートをし、積極的に参加することもできます。これらの経験は家庭と園の文化をつないでくれるため、ELCではこのような保護者主導の取り組みや参加をすべて大切にしています。

保護者との関係を、単に保育者が情報を伝えるような一方通行のコミュニケーションにしないことが重要です。保護者は、子どもと保育者と並んで教育上の3本柱の1つの大切なパートナーです。その実践の1つとして、ELCでは年度はじめに保護者会を開き、1年間をかけて行う探究とそのための研究のねらいを保護者と共有するようにしています。この研究は、探究ユニットの1つである学際的テーマに結びついたものです。家庭と園の間で対話をもつよう努め、それを可能にすることで、保護者はELCに様々な考えや技能をもち込んでくれます。そのやりとりを通して、保護者と保育者の間に同僚性と協働の精神が育まれると思っています。また、様々な知恵を寄せ合うことで、家庭と園の絆を理解してもらい、一層強める機会にもなります。

保護者を園に迎えて、子どもたちと保育者が取り組む探究や研究、問いを共有するのに、いつも喜ばしいことです。このミーティングは、保育者が子どもたちをどのように観察しているのかを子どもの探究中の写真や動画を使ったドキュメンテーションを通して保護者と共有できる機会です。そして、今度は保護者が彼らの見方や視点について意見を述べ、保育者や子どもたちの考えに新たな気づきを与えたり、私たちの探究を一緒に

保護者との関係

デザインし、共同構築してくれます。

　保育者の観察とともに保護者の考えを聞くことで、園と家庭との知的なパートナーシップを築き、子どもたちの考えや感情、姿勢について一層深く豊かに理解することができます。この考えは、社会構成主義 (Vygotsky, L.S., 1986) といった理論的視座に立った省察的実践に基づいています。これらの理論は互いの視点を合わせるために互いの構成概念に対して探究的な姿勢を取り、共同で知識を構築するというものです (Brown, A.L. & Campione, J.C., 1994)。

A DAY at the ELC

　ELCでの1日は、子どもたちが到着する前に、保育者が全員参加する15分ほどの朝のブリーフィングからはじまります。このブリーフィングは日課になっていて、保育者同士で様々なことを連絡し合いコミュニケーションをとるうえで、大切な1日のスタートです。ここで情報を伝えたり、課題やスケジュールを明確にしたり、また気づきや出来事を共有します（さらに話し合う必要がある時には、毎週行われる午後の長いミーティングの議題にもち越すこともあります）。ですから、毎朝のブリーフィングは、子どもたちがELCで経験していることを知るためのとても貴重な時間です。中には、こういったやりとりはEメールでもできるという人がいるかもしれません。しかし、顔を合わせて話すからこそ、より力強く、人間的なものを感じるのだと思っています。そして、同じ保育者としても1人の人間としても関係性が深まり、子どもと過ごす1日のはじまりに涙や笑いを共有できる場になるのです。

　さて、子どもたちがELCに到着すると、一人ひとりがクラスルームの空間を自由に探索します。友だちや保育者と関わろうとする子どももいれば、興味のある素材を見つけたり、前の日にやり残したことを続ける子どももいます。この1日のはじまりの時間を、保育者は子どもたちをよく観察し、子どもたちの心境をできるだけ子ども自身と、そして保育者同士とで分かち合います。その後、朝のミーティングでは輪になって座り、顔を見合わせて、互いの感情に波長を合わせます。

ELCでの1日

誰もが話したり共有したり聴いたりする機会のあるこの朝のミーティングを、私たちはとても大切にしています。このミーティングでは、保育者と子どものどちらもその日にやりたいことを出し合い、そのやりたいことは学びの共同体の一員である全員にとって大切で有意義なものになります。

保育者は、1日の流れを途切れさせないように心がけています。唯一決められた時間は、子どもたちの到着時間（8時45分）、週に1度ずつの音楽と体育の時間、昼食の時間（12時〜12時45分）、そして帰りの時間（14時50分）だけです。子どもたちがあらゆる空間で探索したり、1人で、または他の子どもと関わっている様子の観察に基づいて、ちょっとした刺激になるものや保育者のねらいを盛り込んでいきます。そして、1週間のスケジュールには、ELC全体での経験、クラス別の経験、少人数グループでの経験がバラ

ンスよく組み入れられ、時にはプロジェクトワークを行ったり、PYPのカリキュラムの一部である探究ユニットに沿った研究を行うこともあります。また、午前中には子どもたちが外で過ごす時間が少なくとも45分間あり、午後もまた屋外での時間があります。屋外での探索の時間はこの時

間だけに限らず、必要があればいつでも少人数グループで行えるようになっています。

　昼食の時間は、社会的な関係を取り結ぶ場です。生き生きとした会話が生まれ、一人ひとりの子どもたちのその子らしさをもっとも自然な形で保育者が観察できる場でもあります。各テーブルに4人の子どもが座ることになっていますが、子どもたちの席の決め方を見て気づいたことがあります。それは、特定の友だちグループに属している子がそのグループ内の友だちのために席を確保していたり、どのテーブルにするかを注意深く見て時間をかける子がいたり、席には無頓着で空いているところならどこでも座る子がいたりと、子どもによって様々であるということです。昼食の時間に限らず、何か問題が生じた場合には学びには二面性があるということを思い出し、そのような状況を受け入れます。学びの二面性とは、知識を共有して構成する時には高揚するような側面と冷静さを失うような側面があるということです。不一致がある可能性を拒んでは人と人が共鳴し合うことはできないと考え、支え合うコミュニティになるように努めます。私たちには人に同意できる時と同じくらい、同意できない時があります。葛藤する場面は、人とのコミュニケーションや経験、解釈の多様性について考える機会となります。大切なのは、そのような考える機会になるようにその場を乗り越えることです。

　昼食後には、くつろぎの時間を設けています。この休み時間では、子どもたちが自分で読みたい本を選び、1人で、もしくは友だちと読んだり、保育者の周囲に集まって保育者の読む話を聴いたりします。午前中にとても刺激的な時間を過ごした後の、少し暗くした部屋で心地よい音楽を聴きながら、ブランケットをかけてマットの上で休ん

　だり、考えごとをしたり、落ち着いて横になったりする午後の静かな時間です。その後は、帰りの支度をするまでの間、友だちとさらに探索をする時間があります。

　帰る前には朝のミーティングと同じように輪になって座り、顔を見合わせて、お気に入りの歌を皆で歌い、最後に『さよならの歌』を一緒に歌います。生活を一周して元に戻し、ELCでの1日の終わりを朝のはじまりと同じように行うことで、自分たちは集団の一員であり、学びと仲間の共同体の一員であることを認識するのです。

PROFESSIONAL DEVELOPMENT

　保育者研修の広い意味での定義は、初期研修からの保育者のさらなる向上を目的としています。それは保育者として個々の技術や知識、また専門性や他の特性を向上させる活動です。ELCでは、様々な形で保育者研修を受けられる機会があり、たとえば個人もしくはチームでのeラーニングの受講、YIS主催のフォーカスワークショップ（特定のテーマに絞った勉強会）、一般の会議やセミナーへの参加、他校の見学、日本国内にある他のインターナショナルスクールの教員たちのネットワークへの参加、個人もしくは共同での研究、同僚からの指導や観察、コーチングなどです。

　上に述べたことは、しばしば短期目標の達成ややる気をすぐに満たしてくれるものとなります。しかし、それ以上にELCの保育者研修は進行形で行われているものであり、先に述べたように朝のブリーフィングで1日がはじまるというように、日々の生活に組み込まれ、子どもたちへの理解や学びに関する様々な問題をチーム（担任や副担任、主任、園長をふくむ）での対話や聴くことを通して、学び、成長できる1つの大切な研修と捉えています。私たちはそれぞれの保育者が子どもたちと築く関係性の中で生まれる価値観への理解を深め、自分たちの主観的な判断を一旦保留し、相手の話や価値観を聴くことを学びます。

　さて、朝のブリーフィングで行われる情報と視点の共有は、保育者が日々子どもたちに耳を傾け、注意深く観察することで成り立っています。それらは、私たちが保育者のプロとして成長できる重要なツールです。このような聴くことや観察することは、レッジョの教育者たちによって述べられている教育学的ドキュメンテーションというツールを通して発展していくものだということを私は学び、理解するようになりました。

　教育学的ドキュメンテーションの実践は、同僚たちとともに日々行う保育の理論と実践とを結びつけることを可能にしてくれます。私たちの聴くことや観察は主観的（subjective）なものであるため、互いに敬意をもって接する姿勢が必要であり、チームでの協働が重要になります。教育学的ドキュメンテーションは主観性の価値を具体化させます。そのため、そこには観察が中立的になる

保育者の専門性の向上

というような客観的な観点は立てられません。しかし、それと同時に、ドキュメンテーションは他者（子どもたち、保護者、保育者）との関わりの記録を通して視点や観点が明確になり、保育者として自分の主観性を厳密に伝えることが可能になります。主観性の価値とは、執筆者が自分の見解に責任をもたなければならないということです。それは保育者研修の意味に大きく関わることだと私は確信しています。

後にご紹介する探究で、私たちの教育学的ドキュメンテーションのいくつかを、皆さまと共有したいと思います。子どもたちの学びの過程を追うものとしてだけでなく、保育の専門家としてのレンズを通して、教育学的ドキュメンテーションがどのように私たちの省察的な保育者・研究者としての継続的な成長と発展に役立っているのか、興味深く読んでいただけると思います。

THOUGHTS on the ATELIER

アトリエの思想

Text by Junko Cancemi
Translation by Yuka Yamada / Sakiko Sagawa

INTERPRETATION of the ATELIER

　私はある年に、アトリエをテーマにした夏のレッジョ・スタディウィークに参加しました。その時の経験は、それまでのレッジョでの経験と同じく、私の中に深く残っています。このスタディウィークは、レッジョ・エミリアの街から車で約1時間半のところにあるリゴンキオで行われました。山々に囲まれたリゴンキオは、審美性の意味について深く探究でき、豊かな可能性に満ちた土地でした。また、リゴンキオは、レッジョ・チルドレンが「波から波へ」という水とエネルギーのアトリエをつくったところでもありました。スタディウィークの開会のことばで、元アトリエリスタのヴェア・ヴェッキ氏は次のように言いました。「この1週間は私たちにとって、アトリエの文化に身を沈め、感情の波を感じ、物事と密接な関係をもつ時間になるでしょう」

　ある日、私はサウンド・スケープ（音の風景）をつくるグループに参加しました。アトリエリスタであるジョバンニ・ピアッツァ氏は、周囲の音を発見させるために、山々に囲まれた環境の中を歩くように指示しました。それまで私に自分のことを几帳面だと思い、ものを置き忘れたり失くしたりすることはないと思っていたのですが、この日は自然の中で夢中になり周囲の音を感じ取っていたので、サングラスを失くしたことにまったく気がつきませんでした。親切にもチームの皆が探すのを手伝ってくれ、サングラスは見つかりましたが、その後、友人とサウンド・スケープの制作作業に没頭している間にまたサングラスを失くし、さらに失くしたことにも気づかずにいたのです。すると、ジョバンニが「これ、君のだろ？」と言って、サングラスを届けてくれました。

　この経験を通して、私はヴェッキのことばを本当の意味で理解しました。「物事と密接な関係をもつこと」「感情の波を感じること」とはどのようなことなのか。そして、私たちのすべての感覚が鋭敏になり、そのことに没頭している時にだけ聴くことができるということを。サングラスと同じように自然の美しさの奥深くで自分を見失い、最後にまた自分を見つけ出した、まるでメタファーのような経験でした。

　さて、レッジョの教育者のことばを借りれば、

アトリエの解釈

　アトリエはスタジオ、実験室、または研究の場といい表すことができます。そこは視覚的なことばや詩的なことばで表現される子どもたちの想像力、厳密さ、実験、創造力、表現が織り重なり、一緒に流れ、補い合い、子どもがあらゆる象徴的なことばの使い手になれる場です。さらに、アトリエの概念と原点をもっと深く理解するためには、ローリス・マラグッツィがレラ・ガンディーニとのインタビューで語ったことばを吟味し、解釈することが近道になるでしょう。「アトリエというアイデアとその設立は、どのようにあなたの教育構想に入ってきたのですか？」というガンディーニの質問に対して、マラグッツィは次のように答えました。

　「アトリエを導入することに私たちがどれほど多くの希望を託したかについて、隠し立てはしないつもりです。それ以上のことを求めるのは不可能だと思います。けれども、もし私たちが新しいタイプの学校類型を創造して、これまで以上に仕事を前進させようとするならば、新しい学校は完璧にアトリエと同様の実験室にするでしょう。私たちは、子どもの手が活発に『ふざけまわる』

アトリエの思想　55

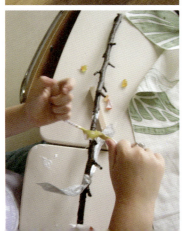

(デヴィッド・ホーキンスは、後に、この言葉をもっと良い言いまわしで意味づけてくれたのですが）空間で作られた新しいタイプの学校を構成できたらと思います。退屈する余地がなければ、手と精神は、生物の進化によって定められた道筋で、大いなる解放的な歓びを相互に生みだすはずです」(C. エドワーズ・L. ガンディーニ・G. フォアマン, 2001, pp.109-110)

　これらの貴重なことばから、私はアトリエを次のように解釈しています。アトリエを単なる「様々な素材がたくさんある部屋」と捉えるべきではありません。ましてや、園・学校のアクセサリーや付属品ではなく、幼い学び手の生活の中心にあるべきものであり、聴くことや詩的なことばに対して敏感な教育方法の一部をなすべきものなのです。ヴェッキは、このように書いています。

「マラグッツィは、園内のアトリエに、ある使命を託し、そこに願いを込めていました。それはアトリエの存在によって、人が物事に新鮮に向き合い、オリジナリティを発揮して取り組むことを保証するということでした」(Vecchi, V., 2010, p.1)

これらのことから、ELCにはアトリエと呼ばれる部屋があるものの、他の空間もアトリエにしようと思いました。ある年には、キッチンが子どもたちと保育者が様々な食べ物を料理し味わう「食と味覚のアトリエ」になり、焼きたてのパンやケーキの香り、時には風味豊かなカレーの香りでいっぱいになりました。私がここで強調したいのは、食と味覚のアトリエは「私たちは誰なのか」というアイデンティティの探究と関係してつくられたということです。私たちは子どもたちを観察し、料理することと野菜などの食べ物を育てることの食にまつわる2つの側面に子どもたちが興味をもっていることを発見し、研究と実験を行う場として食と味覚のアトリエをつくることで、アイデンティティを高める一環として子どもたちに自分たちの長所や興味を発見できる環境を提供したのです。おそらく、他の園や学校にも子どもたちが調理できる場所や世話をする花壇や菜園があることでしょう。それらの空間は保育者と子どもたちが自分たち自身についてより自然に理解し、その関係性をもちながら誠実に追究できる場を与え、単なる調理場や庭以上のアトリエになる可能性があると私は感じています。さてその後、食と味覚のアトリエの活動は広がり、子どもたちは自分たちの野菜を育てたいと思うようになりました。その結果、花壇は子どもたちと保育者が1年を通して植え付けや手入れをすることで野菜の育ちを追求できる菜園、つまりもう1つのアトリエになりました。そして、カリフラワーやブロッコリーを栽培・収穫し、保護者と一緒にカ

レーもつくりました。食と味覚のアトリエは、私たちのアイデンティティのあらゆる側面を発見する場として進化し続ける空間なのです。

　また、日本にあるインターナショナルスクールとして日本文化を大切にしたいと考え、「和のアトリエ」をクラスルームにつくりました。畳を敷き、子どもたちが作業できるように背の低いテーブルを置き、審美的な空間をつくるように努めています。この空間では、生け花や書道、墨絵、折り紙などの探究的な体験（堅苦しいレッスンではないもの）をし、この空間に誘われるように和紙づくりも行っています。子どもたちは常にこの空間に新たなアイデンティティを与え、茶会を開いたり、横になって眠ることも楽しんでいます。どのような状況でも、この和のアトリエは穏やかな関わりとくつろいだ時間を子どもたちにもたらしてくれています。

　さらに、ELCの建物の中心にあるピアッツァ（人々が集い、食事をしたり、話をしたり、交流する場）には「光のアトリエ」をつくりました。ここは子どもたちがOHPや懐中電灯、ライトテーブルを使って光の様々な特性や不思議さを探究し、小道具や音楽を使って何かになりきり、たくさんの物語を生み出して、空想の世界を探究す

るお気に入りの場所です。ある時には保護者の協力を得て、透明なリサイクル材料（光が様々な形で反射するペットボトルやプラスチック皿、透け感のある包装紙、古いCDなど）を使って、天井から吊るすたくさんのインスタレーションを製作しました。

そして、私たちはこれらの探究と実験の場であるアトリエに関する理解を深めるために、たえず自分たちの考えや空間を進化させています。アトリエを閉じられた1つの部屋としてではなく、これまで述べたようなものと考え、屋外を屋内に取り入れるのと同じくらいに、屋内を屋外へ持ち出すことも大切であると感じています。そのため、子どもたちが屋内で製作した作品を園庭に展示するというすばらしい機会も、ELCでは設けています。

さて、アトリエは常にいろいろな関係性の意味詮索にあらゆる視点を与えてくれ、新しい教育的アプローチに至る道をつくり出します。アトリエでは、様々な学問領域が分断されることなく視覚的なことばや詩的なことばが解釈され、他の「ことば」とつながるのです。つまり、知るという営みの認知的な方法と想像的な方法が織り重なり、すべてが合わさって意味をもつのです。では、聴くことや詩的なことばに敏感な教育方法とはどういうものでしょうか。私たちが耳を傾けるのは、何に対してでしょうか。私たちは、すべての感覚が鋭敏になっている時にこそ聴くことができます。判断をくだすことを一旦やめ、目（視覚）、耳（聴覚）、手（触覚）、鼻（嗅覚）、舌（味覚）、そして心で聴くのです。私たちは子どもたちが自己表現やコミュニケーションをするときに使う「100のことば」を聴きます。それは体や姿勢、言語表現、非言語的表現などで表されることばです。さらに、子どもたちの沈黙にも耳を傾けます。沈黙は毎日園に持ち寄る小さな謎をめぐるとりとめのない言い回しと同じくらい説得力があり、考えさせられます。子どもたちが1つの「ことば」から他の「ことば」に流れるように移っていくのか、子どもたちがどのように他者とともに、また他者を通して考えを変え、内容を豊かにしていくのか、そして個人の考え方だけでなく他者の考え方も交え、どのように交流し合うのか、私たちは耳を傾けます。アトリエには、審美的側面（美しさ、喜び、愛らしさ）が組み込まれ、それが学びの過程の質を高めています。そのような学びの過程を経験し、物事や人、出来事、素材と密接で美的な関係を取り結ぶことで、私たちが生命ある宇宙全体の一部であること、あらゆるものとのつながりの中で生きていることに思いを馳せることができるのです。

また、アトリエに限らず、ELCの空間全体でも、ずっと「子どもたちの手と頭はふざけ合うもの」だと考えています。同時に、アトリエにははっきりと目に見える強烈な存在感をもってほしいとも思っています。入りやすい部屋であるとともに、単なる子どものアートの部屋ではなく、

ヴェッキがいうように、「物事を観察するときの感情を味わい、驚いたり不思議に思うものの見方ができる空間」(Vecchi, V., 2010, p.180) であってほしいのです。

　さらにもう1つ付け加えるならば、日々、創造的で美しくしつらえられた場で、子どもが新しいことに興味をそそられて活発に会話をする様子や子どもの方略が繰り広げられる過程、周囲の世界を観察するのと同じように沈黙にも目を凝らせるような空間であってほしいと思います。そのような場であってこそ、審美的に感情的に人と関わり、自分が喜びを感じるとともに他の人にも喜びを与え、自分がワクワクするとともに人をワクワクさせ、自分が大切にされるとともに他の人を大切にするのではないでしょうか。創造的で美しく詩的で視覚的なことばと関係をもちながら、子どもと大人の身振りや声、動作、考えを通して表される場所がアトリエなのです。

MATERIALS

　素材については、ELCのこれまでの経験とレッジョの哲学の解釈を、ニュージーランド出身の即興アーティストであるウェイド・ジャクソン氏と関連づけて語りたいと思います。

　ジャクソンは2012年にYISで開催された「Bridging the Gap（ギャップをつなぐ）」という会議に参加し、創造性の意味をめぐり対話型セッションを行いました。その目的は、私たちの考え方を脱構築し、再構築して新しい道筋を示し、思考を多様で創造的な方法で解き放つことでした。次のように、彼は創造性の４つの原則について述べました。

- 自分を切り離すこと（自分を内面から引き離すこと＋内面を客観的に評価すること）
- その瞬間を生きること（今をどのように生きたいのか。細部に目を配ること）
- 調和すること（良好で応答的な関係性を生み出すこと）
- パターンを崩すこと（規則を知ること＋規則を破ること。新しいことを試すこと。空間やその空間が示すものにとらわれないこと）

　これらの４つの原則について考えてみると、私はレッジョの教育者たちがアトリエの意味と素材の探究方法をどのように考えているかということと結びつけずにはいられません。ジャクソンは「成長の本質は創造性である」という力強いことばを述べました。創造性がなければ、私たちの思考や学びを前に進める新しい考えが生み出されることはないのです。ジャクソンのあげた「パターンを崩すこと」という原則は、私たち保育者が幸運にも日々子どもたちと関わる中で経験していることの１つです。子どもたちは常に大人に挑戦をしかけ、決まりきったやり方や考えのパターンを壊し、新しいことを試すように誘います。その時、私たち大人は皆それぞれ「創造的」なのだと気づかされます。しかし、細かいところに目配りし、感情豊かにその瞬間瞬間を生きている子どもたちは、私たち大人よりもずっと創造的です。子

素材

　どもが土の中に見つけた小さな虫をどれほどよく観ているか、あなたは気づいていますか。子どもが木の葉を拾い、そこに小さな穴を見つけた時、どんなに素早く葉を望遠鏡に変えてしまうか知っていますか。
　このように、素材は子どもの手にかかると大人には想像すらできないような方法で、創造と再創造、脱構築と再構築を重ねます。有能な子どもは自分たちと一緒に発見し、問いかけ、試行錯誤する自由と創造の精神を備えた有能な大人を求めます。子どもを大人に近づけるのではなく、大人が子どもにもっと近づく必要があるのです。

The PRINCIPLE AIMS as an ATELIERISTA

アトリエリスタは、あらゆる種類の美術（象徴的なことばや詩的なことばと呼ばれる視覚芸術、ダンス、音楽）を専門とする教育者で、教育に関してプロである教師とは異なる視点を提供します。ただし、ELCでは、レッジョの哲学を深く理解し、審美的で繊細な素材や視点を共有していることがアトリエリスタには大切と考え、美術専門家ではない保育者がアトリエリスタとして活動しています。

レッジョの哲学では、異なるものに価値を与える考え方があります。また、まわりの世界に対する理解をより豊かにして1つのものの見方に制限しないために、異なる視点が私たちの会話に何をもたらしてくれるのか、その違いを聴くことから始めます。子どもたちは生まれながらに「100のことば」をもつことを覚えておかなくてはなりません。そして、美と想像で溢れた、子どもと大人がたくさんのレンズを通して探究し続けることができる環境をつくりあげる重大な責任が、私たちにはあるのです。

さて、ELCではアトリエリスタの主なねらいを、次の5つの主要な分野と考えています。第1は子どもたちが遊び込み、読み取り、表現する経験ができるように審美的感覚に訴え、興味をそそるものがたくさんある環境を配慮してつくることです。第2は子どもたちの学びと理解を活性化するために（きめ細やかに観察し、熱心に聴き、創造的かつ建設的に思いやりをもってコミュニケーションを取るために）、様々な領域のエキスパートが子どもたちの数年間の発達を見通した体系的な仕事をし、意図を埋め込んだ環境づくりのモデルを提供することです。第3は楽しく興味をそそる対話を投げかけることで、子どもたちを意味づくりに誘い、参加させることです。これはたとえば、製作している状況や要素に応じて素材を扱ったり、絵本や絵の具、粘土、針金などの様々な道

アトリエリスタの主なねらい

具の表現の特性を見つけ出し、活用することを通して行っています。第4は子どもたちの素材（周囲の世界もふくむ）の探索や関わりに参加し、観察し、記録することです。そして第5は集団で学ぶうえで必要となる社会の枠組みについて、子どもたちに対話を投げかけ、安心な環境を保つことです。たとえば、人の立場になって考えたり感じたり、素材や人に対して思いやりや敬意をもつといった価値観について考え、社会の秩序に気を配っています。

　社会もまた発展し続けるように、アトリエの概念とアトリエリスタの役割は進化し続けるに違いありません。象徴的なことばや詩的なことばは、子どもたちが新たな理解の地平を広げるために必要不可欠であり、大きな影響をもっています。その理解の広がりの美しさや持続性は、環境や素材、私たち保育者をふくむすべての創造的な働きかけがあってはじめてなされるのです。

THEORY and PRACTICE in unison

理論と実践の両輪

[INTRODUCTION, CONCLUSION]
Text by Junko Cancemi
Translation by Yuka Yamada / Sakiko Sagawa

[INQUIRY 1, 6]
Text by Clair Wain / Sakiko Sagawa
Translation by Yuka Yamada / Sakiko Sagawa

[INQUIRY 2]
Text by Junko Cancemi / Clair Wain / Sakiko Sagawa
Translation by Yuka Yamada / Sakiko Sagawa

[INQUIRY 3, 4]
Text by Junko Cancemi / Sakiko Sagawa
Translation by Yuka Yamada / Sakiko Sagawa

[INQUIRY 5]
Text by Clair Wain / Yoshiyuki Mukuda
Translation by Yoshiyuki Mukuda

あなたは子どもの頃、もしくは大人になってから、自転車に乗れるようになった時に全身でバランスの感覚を感じたことを覚えているでしょうか。あのはじめての感覚！私は今でも子どもの頃に感じたあの瞬間を覚えています。ある年の夏、私は自然の中を自転車に乗りました。心地よい風が顔をなで、信号のない細い道を通り、知らない道を走り抜け、たとえば道端に小さな花を見つけたり道をたずねられた時などいつでも止まることができる、とても開放感に満ちた経験でした。上り坂ではペダルを一生懸命に漕ぎますが、結局これ以上は無理だと思った時は諦め、自転車を降りて丘の上まで押していきます。そして、登り切った後のご褒美は自転車に再び乗り、坂を下る時の爽快感です。いくらか疲れていたものの、目的地に着いた時には何て満ち足りた達成感を味わえたことでしょう。

　理論を語り、実践する時、それはこの自転車に乗る経験ととてもよく似ています。自分でしか発見できないバランスを習得することが大切です。一度自転車の乗り方を知ると、ゆっくり漕いだり、のんびり走ったり自在にできますが、目的地へと向かうには、立ち止まり、息を整え、来た道を振り返り、今いる場所を確認する必要があります。

　自転車の2つの車輪、つまり理論と実践は、心地よいリズムで1つになって動きます。もし一方の車輪がもう片方より大きければ、自転車はガタガタと揺れ、乗り心地の悪いものになってしまいます。ですから、2つの車輪の均衡を保つことが重要です。そのためには理論と実践の両方にしっかりとした深い知識をもち、確信をもって臨むことが必要です。保育者・教育者としてどのような理論を信じているのか、自分自身に問いかけましょう。一度この問いかけについて考えると、理解に伴って実践がついてきます。

　これから、ELCのドキュメンテーションと物語を通して、子どもたちとともに、また子どもたちを通して、私たち保育者が学び、理解した過程をあなたと共有することになります。そこで、あなたが今現在、保育・教育現場でどのように理論と実践を解釈するのか、まるで自転車の乗り方を知ったあの瞬間のように、目の前が明るくなったような感覚を抱いてくださることを願っています。

Inquiry 1 探究

OUR DIALOGUE with the PARK
公園との対話

学際的テーマ	重要概念と関連する問い	探究の道筋（重要概念）	中心的アイデア
私たちは誰なのか	自分自身の性質、信念と価値観、個人的・身体的・精神的・社会的そしてスピリチュアルな健康、家族・友人・コミュニティー・そして文化圏を含めた人間関係、権利と責任、人間であるということはどういうことなのか、ということに関する探究。	・社会情緒的な特性の探究（形） ・人はどうやって互いを理解するようになるのか（視点） ・人はどうやってずっと続く関係を築くのか（関連性）	人は他者を理解し他者に対して敬意をもつために、自分自身を理解し敬意をもたなければならない

Courtesy of Yokohama International School. All rights reserved.

はじまり

「**私**たちは誰なのか（Who we are）」は、4歳児クラスの子どもたちが長期的に取り組む探究ユニットです。そのテーマになる深い探究を行う場として私たち保育者が選んだのは、ELCのすぐ隣にあり、子どもたちが3歳児クラスの頃からずっと興味を抱いている公園でした。「公園との対話」を通して、自分自身や絆、共感、他者の理解を探究することにしたのです。他者を愛し、理解するためには、まず自分自身を愛し、理解しなければならないことをわかってほしいと思ったのです。

　私たちはどうやって互いのことを理解していくのだろうか、どうやってずっと続く絆を築けるのか。これらの社会情動的な軸をもつ問いが、探究の視野を定めることにもなりました。

・公園ってどのようなところだろうか？
・公園にいる時、自分自身のことをどのように感じているだろうか？
・公園との関係を育むために、どのようなことができるだろうか？
・私たちのアイデンティティを探究するために公園を使うとしたら、どのようなことができるだろうか？

理論と実践の両輪

保育者が願っているのは、子どもたちが自然を経験し、自然の中に居場所を見つけること。そして、その場に自分の気持ちを重ね合わせて深く聴くこと。また、周囲をじっくりと見て、違いや変化に意味を見出すことです。保育者はこのような願いをもって、どのように公園との対話を進めていくべきかを考えました。

「公園との対話」の構想

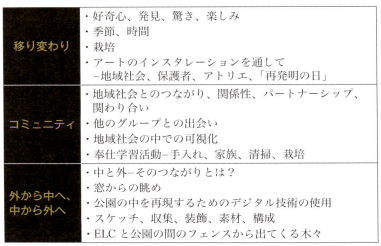

「公園との対話」の探究を動かす問い

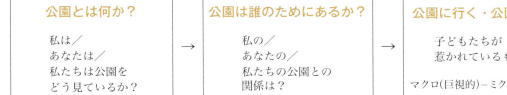

　公園の探究をはじめるにあたり、保護者に集まってもらい、保育者の意図を共有することにしました。そして、公園と自分との感情的なつながりはどのようなものか、公園を通して私たちのアイデンティティや関係性を探究するためにどんなことができるかを一緒に考えてもらいました。そうすることで、ELCに関わる保護者の視点が理解できると思ったからです。保護者たちは、次のような会話をしていました。そして、保育者は保護者が心を開いて熱心に話し合い、子どもたちにとって探究が豊かな経験になるようにと、当事者として探究に関わる方法を提案してくれたことを、喜ばしく思いました。

「みんなでピクニックに行くのもいいんじゃないかしら。ママと一緒に公園からものを集めて、ピクニックをするの。集めたものを使って、ユカ先生とアートのプロジェクトをしてもいいわね」

「公園の中で写真展をしてもいいかもしれない。子どもたちが公園の写真を撮って、それをディスプレイするのよ。それとも公園の中のものを集めて、何か小さな像でもつくるとか」

「自然の中で夜を過ごすというのはどうかしら。いつもとは違う時間って興奮するでしょう？子どもたちが懐中電灯で公園を探索するなんてどうかしら」

「何かを植えるのもいいかもしれない。ママと子どもたちで一緒に何かを植えるの」

「何かを植えて、それが育つのはいいわよね。とくにここの子どもたちは根なし草のように引っ越しばかりでしょう？何かを植えて、それを地面の中に根付かせて、それが自分のものとして育っていくのを見られて、その場所に戻ればいつでもそれを見られるというのは、大切なことかもしれないわ」

「人間と木には結びつきがあるのよね」

次に、保育者は子どもたち一人ひとりが公園をどのように見ているのかをもっと知りたいと思い、小グループで集まる時間に「公園とはどのようなところだろうか？」という質問を投げかけることにしました。考えをことばで説明するのを好む子どももいれば、別のやり方を好む子もいます。保育者はグループ全体で一致した考えをもてるように、子どもたちに公園を表すイメージを絵に描いてもらいました。

公園との最初の出会いを果たすため、探究は小グループ単位で行うことにしました。子どもと大人がしっかりと手を結び、子どもたち一人ひとりのもつ見方の複雑さとその特色を知りたいと考えたからです。保育者は子どもたちの姿を追いながら、次のようなことを考えました。

・どのような要素に子どもたちは立ち止まり、目を凝らしているか？
・子どもたちの興味をそそり、手を伸ばしたくなるものは何か？どのように手を伸ばしているか？

保育者は公園での探究の様子を動画で記録し、子どもたちや他の保育者と一緒に見ました。すると、子どもたちは公園の本質を探り、公園にあるものや自然と共感的な関係を結んでいることがわかりました。それぞれのグループが異なるものに惹かれつつ、その軸には共通するものがあり、それは「広々とした空間の楽しさ」「友だちと一緒にいる喜び」「公園が与えてくれる自然や生命の美しさ」「多様な感覚をかきたてる数々の特性」といったものでした。

小グループでの探究

保育者は5つの小グループ（木、ポエム、噴水、絵、ダンス）ごとに、自分自身や互いを理解するために自分が大切にしていること、信じていることについて深く探究させていきました。

「木」グループの探究

ニッキーとカイ、マリー、ミワは、公園に生えている木々との強い結びつきを感じた子どもたちです。子どもたちは公園を何度も訪れ、考えました。

・木の何がこんなに美しいのだろうか？
・木はずっとここにあるのだろうか？
・木についてどのようなことを思い、感じるだろうか？

子どもたちの思考を拡げるために、私たち保育者が大切にしているのは絵による表現です。絵を描くことは、子どもたちが考え、感じ、想像し、他者と考えを共有する力を高めてくれる強力な手段だからです。そして、子どもたちと保育者とで何度も話し合いを重ねた末、

探究は ELC に公園の木を持ち込むという方向に進んでいきました。ELC のピアッツァに、大きな木をつくることにしたのです。

　どうやって公園の木を屋内に持ち込むかについての考えを交わすうちに、子どもたちは木と結びついた自分たちの感情と姿を見せはじめました。たとえば、子どもたちの中には、「ママとパパがさみしがらないように」、木が家族や友だちと一緒にいられるといいなと思っている子がいました。きっと、その子自身が家族や仲間との関係を大切にしたいと思っているのでしょう。また別の子は、「きは、きれいでしょう？だから、ひとは きをすきなのよ。きには、みずがひつようなのよ」と言っていました。おそらく、人と自然はつながり合い、頼り合っているのだということを伝えているのでしょう。

　子どもたちは、ピアッツァの柱を木にすることに決め、どうやって木を家族にするかを考えました。「柱をどうやったら木の家族に変えられると思う？」と保育者が聞くと、子どもの１人は絵を描きながらこう答えました。「これはせのたかいき。これはママのき。だから、たかさがちがうの。これはおにいちゃんのき。これはいもうとのき。これはあかちゃんのきと、そのともだち。あと、はちもいるんだよ。ほんもののきは、こんなにたかいんだよ」

　こうして、ピアッツァが作業場兼研究と実験の場になり、ピアッツァに木があったらいいなという子どもたちの願いが実現されていきました。公園に散歩に行くたびに ELC に持ち帰ってきた思い出が木の製作に込められ、少しずつ木は形を見せはじめ、個性を帯びていきました。

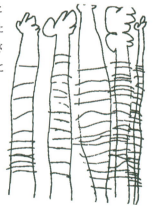

理論と実践の両輪

ニッキー	「きのママが『あなたたちも いっしょにあそべるわよ』っていってるんだ。きは『うごけたらなぁ。にんげんだったら あるけるのに』って、いってるんだ。いきたいところに どこにでもいけたらいいのにね。でも、きはいうんだ。きは うごかないんだって」
カイ	「きみたいな みどりいろにしなきゃ。ここはちゃいろね。はっぱはみどり。もうちょっと、みどりとぼうがいるな」
マリー	「のりをつかって。きをつけてね。ここに えだがなんぼんかあれば、きみたいになるよ」
カイ	「うん、そうだね」
マリー	「ママとパパは となりどうしね」
カイ	「あと、あかちゃんは ママのうえ」
マリー	「あかちゃんは、こんなふうにねてるの。しずかにして。あかちゃんが、ねてるんだよ」
カイ	「はなをつくる。のりでくっつける。ちょっとまって、ついたら できあがり。ここはちゃいろ。いろをもってきて」
マリー	「えのぐで ちゃいろにしよう」

　　木の家族が育っていきます。柱はママとパパになり、紙でしっかりと包まれています。そして、そのまわりを赤ちゃん、妹、2人の兄弟とおばあちゃんが囲んでいます。

ニッキー	「なんぼんか ぼうがいる」
カイ	「はなとぼうもいる。はなをつくるんだ。きって、はっぱをつくる」
マリー	「それから、うえのほうにつけるはっぱもいるよね。どうやってつけようか、のりをつかえばいいよね。スパンコールとはなもつけよう。かわいくて、キラキラしてて、きれいにするためのスパンコール」
ミワ	「かいてはろう。きって、グルーガンではろう。はっぱは、おひめさまみたいに かわいくするの。ピンクのはな」
ニッキー	「くさをしたにつけるね。したのほうにはえてる えだをつくる。あと、くさのうえにつける。まず、えだがさきで、つぎにくさだ。こうしたら、とりがあるいていけるでしょ。ここはとりがあるくところ。はっぱを いっぱいホチキスでとめたの。これはふるいかご。とりはここをあるく。ここがふんすい。これはあかちゃん。とりたちは、ここでは とばなくても いいんだよ。ただ あるいていけばいいの。もし、つばさがつかれたら、ここをあるけばいい」

柱は変身しました。子どもたちにとって、これらの木は生命を宿し、感情や気持ちをもった存在です。木も自分たちと同じように、悲しい時もあれば楽しい時もあり、何かを必要としたり、ほしいと思ったりするものです。木は内なる世界をもち、互いが違うということを知っています。しかし、一緒にいることを心地よく思っているのです。木には花、虫、鳥が集い、様々な命を育んでいます。この木は、多くの声が響き合うメタファーや語りを生み出し、現実を解釈しようとする物語をつくり出しています。

「ポエム」グループの探究

リュウとアメリア、ヘンリーの3人は、公園で発見したものを細部までとても敏感に感じ取っていた子どもたちです。ゆっくりと公園で過ごす中で、彼らはじっくりと観察し、自分たちのいる自然の世界を楽しみ、関わり合いました。どの子も異なる見方で公園を見て、異なる部分に目を凝らし、写真を撮って一瞬一瞬を永遠に捉えようとしていました。タブレット端末を使って、それぞれの情熱が向いたものを写真に撮ることで、見ることと推論することが影響し合い、感情と記憶とが影響し合う中に浸り、互いの楽しみを共有することができました。写生をしたり、集中して何かを見たりする度に、紡ぎ出す理論も複雑になっていきました。子どもたちは興味を惹かれた花や生き物、植物について語る時、表情豊かで想像力に満ちたことばを使っていました。

子どもたちは何度も公園を訪れるうちに、次のことを考えました。

・公園の何がこんなに好きなんだろうか？

子どもと保育者とで話し合いを重ねた末、探究は公園で見出した細部を ELC に持ち込むという方向で進むことになりました。子どもたちが撮った写真の展示を行うのです。写真には、公園の特徴についてのポエムを添えることにしました。子どもたちはタブレット端末を公園に持っていき、好きな場所やものを写真に撮りました。そして、気に入った写真からいくつか選び出してプリントし、写真が意味することをより深く考えはじめました。プリントした写真にことばが捧げられ、次第に美しいポエムができあがっていきました。このポエムは、子どもたちの公園への感情を捉えたもので、一人ひとりの内なる情熱と結びついています。

保育者は、子どもたちのメタファーに満ちたことばに深く感動を覚えました。このような子どもたちの可能性を「かわいい」の一言で済ませることはできません。C. エドワーズ、L. ガンディーニ、G. フォアマンは『子どもたちの100の言葉』の中で、「メタファーは世界の本物の見方から生まれるのだ」と教えてくれています。メタファーを用いたことばは、子どもたちが自ら発明したやり方で対象と複雑な関係を築いたものであり、分析したり、再訪したり、拡張したりする価値のあるものとして扱われています。子どもたちがつくり出したポエムは、公園との感情的な関係を示しています。

季節が変わり新しい花が顔を見せるようになると、子どもたちはま

た公園に行って自分の好きな風景を撮りたいと望み、その写真をことばで表現しました。そして、子どもたちは文字のフォントや色、背景についても考えて決め、ポエムの本質を伝えようとしました。

Cute Flowers

I like flowers
Like sweets in my sweety tin
Growing
Up, up, up
Watch for bees
Bumble bees come over here
Help growing
Up, up, up
Friends of the flowers
Watch out!
Bees sting me!
But I love the flowers
At the park
I see flowers
That are my friends

By
Henry
Ryu

cute flowers ／かわいい花
bumble bee ／マルハナバチ
sting ／刺す

Rainbow Bridge ／レインボー・ブリッジ
bullet ／弾丸
giraffe neck cranes ／キリンの首のクレーン

Rainbow Bridge

Bridge
Like a rainbow
So long
Speeding fast in the car
Like a bullet
See everything
Giraffe neck cranes
Sometimes it turns brown, white, green, blue or black
See all the world decorated in loads of colours.

By
Ryu
Henry

The Snow Flower

The fluffies are all white
like snow
The green stalk, like a
carton straw
But straighter
Blow it
Like snowing
I like to blow it
Ffffuuuh Ffffuuuh

By henry and alexryu

the snow flower ／雪の花
fluffies ／綿毛
stalk ／茎
carton straw ／ストロー
blow ／息を吹きかける

Rainbow Flowers

Flowers rainbow colours
Purple, red, yellow,
orange, white
Stripy like a twirly lolly
Really beautiful
I love flowers
Reminds me of my mum
She likes flowers
She tells me everyday

By
Henry moss
Alex Ryu
Amelia

rainbow flowers ／
虹色の花
stripy ／
しましまの
twirly lolly ／
くるくるキャンディ

　さらに、保育者は子どもたちと次の挑戦をすることにしました。ポエムのいくつかのことばで実験をしようと誘ったのです。

・ことばや絵の意味やイメージをふくらませるために、どんな仕掛けが使えるだろうか？

　まず、子どもたちにデビット・ペレティアの『The Graphic Alphabet』を見せると、子どもたちは文字の図像とそこに描かれた意味に心を奪われていました。保育者は、表現性や審美性、効果的なコミュニケーションの探究が書きことばの暗号に織り込まれていくことで、子ども

たちがもう一度自分自身を表現し、公園に対する自分の感情を表現したいと思いはじめていることを感じていました。造形的な文字は、あることばに様々な意味を与えるために書（描）かれた記号の1つです。文章とイメージは紡ぎ合わされ、描かれた文字の伝達力を高めたり、アイデンティティを際立たせて、あるテーマや文脈により多くの意味をつけ加えます。

　ポエムから1つの単語を選ぼうと保育者に誘われると、子どもたちはみんなで"fluffies（綿毛）"という単語を思い浮かべ、"fluffies"の意味を伝える"F"を描いてみることにしました。

ヘンリー	「てんてんを つかえばいいんだよ。フワフワで、どんどん おおきくなる」
アメリア	「わたげのF、シアトルでは、こうやってするんだよ。わたみたいにフワフワで、きれいでかわいい」
ヘンリー	「イングランドでは、ちいさいわたげだよ」

　子どもたちは、複雑な意味を伝える書きことばを試行錯誤してつくっていきました。それは、やりがいのある興味深い探究で、これからも子どもたちが詩的なイメージに敏感であり続けてくれたらと、保育者は思いました。この探究は、改めて子どもたちがこれほどまでの能力と力量をもっているのだと示してくれました。私たち保育者は、子どもが限りない可能性をもち、世界と関わり、その世界に貢献しようとしているのだという強い信念を再確認しました。

「噴水」グループの探究

　ジャクソンとニーナ、スカイは、公園にある水路とその動きに強く惹きつけられた子どもたちでした。3人は流れる水に沿って走ったり、階段にこぼれ落ちる水を見たり、水路を飛び越して遊んだり、水が流れるのを見て楽しんでいました。

　子どもたちは公園を何度も訪れるうちに、次のように考えるようになりました。

・水はどこに行くんだろうか？
・水はどこから来るんだろうか？

　子どもたちと保育者で何度も話し合った結果、水路を ELC に持ち込もうということになりました。まずは陶芸用粘土を使って、噴水と水の流れをつくることにしました。

　公園の水を探究する中で、子どもたちは水の流れる動きが好きという気持ちや、水がどのように動くかについての研究・成果を見えるようにしていきました。感情と審美性が織り合わさるように、科学的理論が編まれていくのがわかります。子どもたちは公園の噴水の絵を描いたり、一番大きな噴水を表すために粘土を使ったりしました。粘土を使って噴水をつくるのが難しいことだとわかると、子どもたちは粘土の層をつくり、それを合わせて自立する作品をつくろうと奮闘していました。忍耐力と決断力を見せながら、調節し、新しい方略を立て、互いにアドバイスし合いながら新しい発見をしていきました。粘土でつくった噴水に水を注ぐと、どうやったら液体を入れられるかについてのアイデアがどんどん出てきました。

スカイ	「すごく かたくしなくちゃだめだよ。ねんどをうえにのばしてかためて、みずがでてこないようにしないと。コンクリートみたいに」
ニーナ	「きのうやったみたいに、おさらみたいに ねんどをつければ、もれないんじゃないかな」

Theory and Practice in Unison

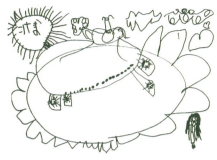

　私たちはもう一度公園に行き、噴水のデザインをじっくりと見て、水がどうやって保たれているかをじっと観察しました。その後、話し合った末、子どもたちは別のタイプの粘土を使って新しいアイデアを試してみることにしました。

ニーナ	「なにか かたいものがいるよ、じゃないと おちちゃうもん。とにかく かたくなくちゃ」
スカイ	「ふんすいは コンクリートでできてるんだから、かたいねんどじゃないと」
ジャクソン	「あのいろ、すきだな」
ニーナ	「ふんすいは、おひさまの てってるところにあるでしょ。でも ねんどはそうじゃない。パーフェクトなふんすいをつくるには、かるくないといけないとおもう。おさらもいるね。もれないように」

理論と実践の両輪　　83

時間をかけて、子どもたちは粘土がどのように形を変えるかを学び、どうやって立体の作品をつくればいいかを学びました。保育者は問題が出てきたら、そのつど子どもたちがその問題について考えるように関わりました。モデルや解決策を提案するのではなく、「もう一回やってみて」と言ったり、「もっとよく見てごらん」と言ったりしました。こうすることで、子どもたちは努力することの大切さを学び、自分たちの力が育っていくことに喜びを感じるのです。

　子どもたちは様々な種類の粘土を使って噴水をつくったり、噴水の絵をいくつも描いたりして、何度も何度も試し続けました。試みを重ねるごとに、自分たちの技能が高まっているのを感じているようでした。他のすべてのことばと同じように、粘土のことばが生まれるには粘土のことばで表現し、試し、実際に使う機会が必要なのです。こうして、子どもたちは自分たちの噴水をつくるために粘土のことばを使いました。

　粘土の焼成が終わると、子どもたちは噴水の研究をはじめました。「水はどこから来るの？」と「水はどこへ行くの？」という問いへの興味は、まだまだ残っていたようです。実験をはじめた子どもたちは、自分たちの噴水の水の流れと公園の噴水でよく観察した水の流れについて、たくさんのことを話し合いました。

ニーナ	「みずは ぜったいおちていくよ」
スカイ	「ここから でてくるかも」
ジャクソン	「みずが でてきてる！」
ニーナ	「のこってるみずもあるし、でてくるみずもある。みずがぽたぽたおちてる」
ジャクソン	「とけちゃうかな？」

スカイ	「とけないよ、ガラスだもん」
ジャクソン	「クレアせんせい、みて！ここから みずが でてくるの」
スカイ	「こうえんのふんすいはさ、みずがずっと でつづけてたよね。みずは ちいさいところに ながれていってた」
ニーナ	「いちばん さきっぽからでてきて、おちていってたよね」
スカイ	「それで、またうえにのぼってたよね……ずっと、みずをそぞぎつづければいいのかな」
ニーナ	「ジャクソンが ずっとそぞいでたら、こぼれちゃったよ」
ジャクソン	「あっちにいったり こっちにいったりして。で、ここらへんに こぼれちゃった」
ニーナ	「わたしおもうんだけど、ここまでおりてきたら、またうえまでいって、それからまた おりてくるんじゃないかな」
スカイ	「ちっちゃいストローがあって、それがすいこんで、うえまでまたあげるんだよ」
ニーナ	「このなかにストローがあって、ここをとおってるのね。ながいながいストローがあって、それが うえとしたを なんどもとおしてるってこと」
スカイ	「ストローがあるんだ。それをすえば、はなれたところまで はこべるんだ」

　保育者は、子どもたちにソーラー（太陽光発電）システムの噴水が入っている箱を差し出しました。スカイはソーラーパネルについてすでによく知っていたので、自分の理論をニーナとジャクソンに説明して聞かせました。そして、どうやって噴水を組み立てるか、どうしたら動くかを考えました。この噴水のおかげで、水路と科学的現象を理解するための仮説が発展し続けていきました。

理論と実践の両輪

「絵」グループの探究

モニカとヴィヴィアンは、公園の自然をとても繊細に感じていた子どもたちです。2人は公園の花や虫に興味を示し、公園で過ごす間、自分が住んでいる世界の自然をゆったりと観察し、触れ合い、楽しんでいました。2人とも違った見方で公園を捉えていました。ELCの屋内では絵を描くことに強い興味を示していたので、屋内での興味と屋外の環境を結びつける方向にプロジェクトは進んでいきました。絵のことばを使うことで、子ども一人ひとりの情熱がつかめていきます。子どもたちは公園を何度も訪れ、考えました。

・公園の何がこんなに好きなんだろうか？

子どもたちはスケッチブックを公園に持っていき、腰を据えて自分たちが好きなところをじっくりと観察し、絵に描くことにしました。子どもたちは色とりどりのパンジーやピンク色のツツジ、這いまわっているアリやダンゴムシに惹きつけられていました。絵を描くことには大きな可能性があり、複雑なプロセスがふくまれます。目の前にある様々な素材の特性や種類について、多くのことを考えることになります。保育者は、最初は先の細いシンプルな黒いペンからはじめるのが大切だと感じました。色味に気を取られることなく、子どもたちが見ているものについて深く考え、紙の上にどうやって表すかを考えられるようにするためです。絵は子どもたちの感情や物事を知る過程、そして表現方法の1つとなります。保育者やクラスの他の子どもたちは、モニカとヴィヴィアンが公園で描いたイメージを大切に思っていました。

この視覚的なことばをさらに発展させるため、2人は水性のカラーペンを使うことにし、最終的にはアクリル絵の具とアーティスト用のキャンバスを使うことにしました。おそらく、最初にこの白いキャンバスと向き合った時は、自分の手に負えない難しいものと感じたことでしょう。あるいは、誘惑されるような魅力を感じたかもしれません。けれども一度、最初の一筆を入れ、未知の白い空間とのつながりができると、確かに感情に衝撃が走ったはずです。最近 ELC に転園してきたばかりの2人は、絵の具で色を塗りながら、話をしたり、しぐさや表情を使って会話をしていました。保育者は2人をケアしたり気づかったりするちょっとしたしぐさを見せることで、彼女たちが意欲的に作業し、集中し、楽しさを感じ、自分らしくいられる心地よさを感じ、クラスのグループの一員として居心地よく感じられるようにと願っていました。このプロセスにより、モニカとヴィヴィアンは自分たちの興味と才能を追究することができ、クラス全体も2人のよさを認め、理解し、尊重することができました。

アイデアの共有

　探究が進むにつれて、子どもたちは他のグループが何をやっているのかを気にしはじめたようでした。そこで保育者はここで一度集まり、これまで考えてきたこととやってきたことを共有することにしました。子どもたちはピアッツァにつくられた木を見つけ、公園への愛をつづったポエムや粘土でつくられた噴水、花や昆虫の絵、そしてダンスや歌を見ました。どの子も、自信をもって自分たちのグループの努力について話しました。クラスの中には、達成感と何か素晴らしいことが起こっているんだという空気が満ち、それぞれの情熱と才能が花開いたアイデアが集まりました。

　各グループの話を聴く時間を設けたことで、子どもたちは互いの探究を結びつけ、別の見方ができるようになりました。子どもたちが考えを共有する様子を見ていると、レッジョ・チルドレンの代表であるカルリーナ・リナルディの文章が思い浮かびました。リナルディは、「子どもたちが自分の心のイメージを他者に対して表す時、意識的な像にして（内なる声を聴いて）、自分自身に対しても表現しているのだ」

といっています。つまり、あることばから別のことば（たとえば写真からポエム）へと移行する中で、自分や他者の移行について考え、自分の理論とコンセプチュアルマップを書き換えているのです。しかし、このような移行ができるのは、子どもたちがあることばから別のことばへの移行を集団において他者と行う機会がある時、聴くこととともに聴かれる機会がある時、自分たちの違いを表現するとともに他者の違いにも受容的になれる時だけなのです。

　それぞれのグループの考えを共有する中で、「ダンス」グループはダンスはELCではなく、公園で踊らないといけないと言いました。そしてこの提案は、子どもたちから新たな考えと提案を引き出すことになりました。

アメリア	「こうえんにいる ふりをすることはできるよ。ホールに、こうえんをつくればいいんだよ。わたしやリュウやヘンリーがポエムをかいたかみをつくって、タブレットがあれば、ポエムについて はなしができるもん」
エリー・グレース	「おはなしは、ぜんぶいっしょにすすむの。わたしたちのダンスショーがおわったら、こうえんのなかでつぎのにいって、つぎのにいく。ここでやるのは、いいかんがえだとおもう。きグループがつくったきは、うごかせないもんね。だれかがマイクをもってきて、『ママたち、ついてきてください』っていえばいいんじゃないかな」
アメリア	「プロジェクトはぜんぶ、ほんとうにとくべつなもの。だから、おひろめはしなくちゃ」

子どもたちは賛成し、どうやって発表をするかを考えはじめました。

ニッキー	「いいかんがえがあるよ。1かいでやろうよ、ぼくたちのきが そこにあるから。ぼくたちがつくったやつ。これがぼくたちのやったことで、それからママやパパのてをひいて こうえんにいくんだ。ダンスするひとたちは、こうえんでダンスする。ぼくたちは、たべものももっていけるんだ」

子どもたちが自分たちの探究にこんなにも誇りをもち、自分たちの学びを保護者と共有したい、発表する特別なイベントを開きたいという強い願いをもっていることは、とても意味深いことでした。

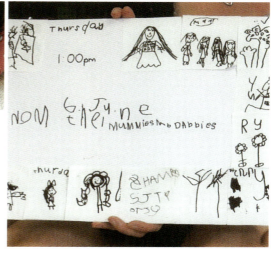

発表

　あと3回寝たら発表という日、子どもたちはイベントをどうやって行うかを、さらに熱心に話し合いました。ママやパパを招待するにはどうしたらいいかを話し合う必要があることも、わかっていました。

ハナ	「かみにかいておいて、それをはっておくの。マイクもいるよね。わたしは、こうえんでおどって うたうからね」
ニーナ	「みんなで、じゅんばんにやるのがいいんじゃないかな。ひとりずつそこにあがって、そこにカーテンをおいておくの」
リュウ	「『ELCにきてくれてありがとうございます』っていわなくちゃ」
ヘンリー	「いちれつになって、てをつないで、『きてくれてありがとうございます』っていえばいいよ」
スカイ	「ぼく、ふんすいグループは そとでやりたい」

ニーナ	「そしたら、ソーラーパネルのふんすいを そとでみせられるもんね」
ヘンリー	「かんばんをつくろうか。ポエムと ふんすいと ダンスするおんなのこたちのかんばん」
アメリア	「かいだんに すわってもらおう。こどもたちは、ママとパパのひざにすわればいいもん」
リュウ	「ぼくのプロジェクトは、そのほんをみればいいよってママにわたして。そしたら、ママはきっと『わぁ!』っていうから」
エリー・グレース	「かみに、ひにちとじかんをかいておくと、いいんじゃないかな」

　少しずつ準備が整ってくるにつれ、子どもたちの公園との対話は表情豊かになり、生き生きとしてきました。家族が自分たちの探究を見に来ることにワクワクと興奮しはじめ、嬉しさにぴょんぴょん飛び跳ねるほどでした。午後になると、ピアッツァと園庭、そして公園までもが子どもたちのがんばりで変身しました。変身した空間は、方略や創造性、想像力に満ちた子どもたちの特性を物語っていました。楽しいことが大好きで、遊び心があり、情熱に溢れた子どもたちのものの見方は、私たちの進むべき方向を照らしてくれ、感動して驚くばかりでした。

　そして、子どもたちが自分たちのやってきたことを自信たっぷりに家族と共有した発表の日は、記念すべき日となりました。知ることと振り返ることの時間とリズムは、創造性や遊び、表現、そして審美的な感覚と1つになり、そのプロセスによって感情や分析、共感、関係性は常に変化しうるものであることが示されたのです。

まとめ

このドキュメンテーションは、1年間にわたる「公園との対話」を総括して記述したものです。もちろん、すべての経験や、私たちが出会ったすべての考えや関係をふくめることなどできないので、そのほんの一部に光をあてたに過ぎません。しかし、この探究は次のことを深く考えさせてくれた点で、きわめて興味深いものでした。

・子どもたちは本当はどのような存在なのか？
・子どもたちはどのような可能性をもっているのか？
・この年齢の子どもたちは、どのような感情や思索、新しい視点を私たちにもたらし、提案してくれるのか？

　観察と話し合いを通して、私たち保育者がずっと考えてきたのは次のようなことです。

・保育者は子どもたちの身振りやしぐさ、表情、考えをどのように解釈できるのだろうか？
・保育者は子どもたちの身振りやしぐさ、表情、考えを観察し、解釈したうえで、どのように可視化し、生命を与え、アイデンティティをもたせることができるのだろうか？

　この探究を通して、ここに登場した子どもたちがどれほど有能で可能性に満ちているか、ELCの窓から見える公園との豊かな関係から、私たち人間がどうやって自分自身を、そして互いをわかり合うようになるのかをお伝えできていたら幸いです。

訳者解説

ここでは、ELCのすぐ隣にある公園との「対話」を通して、子どもたちが自分たち自身について理解を深める1年間の物語を紹介しました。

ドキュメンテーションに出てくる「公園との対話」という表現は、公園という日常的な風景が、生命を宿した存在であることに気づかせてくれます。この実践を通して、身近な公園という存在が、「公園って何だろう？」という根本的な問いから導かれて探究の対象となること、また公園そのものや他者との社会情緒的なつながりを育んでいく場であること、「私ってどんな人？」と自分自身を振り返って探究する仲立ちとなることがわかります。

はじまり

探究を動かすのは保育者の問いです。「公園とは何か」「公園は誰のためにあるのか」「子どもたちが惹かれているものは何か」という根本的な問いが、保育者から子どもたちへ、そして保育者自身に投げかけられ、プロジェクトが動いていきます。これらの問いは、保育者が何度も立ち返り、理論と実践をつなぐものとなっています。

小グループでの探究

小グループの探究では、同じような方向に興味をもった子どもたちが同じグループとなっています。子どもたちが好む「ことば」を保育者が敏感に聴き、グループに分けているため、無関心な子どもや苦手意識をもって取り組む子どもはいません。

「木」グループの探究では、ピアッツァの柱の写真と子どもの描いた絵の写真を保育者が印刷して、子ども一人ひとりに渡し、どうやったら柱を木に変身させることができるかを考える手立てとしています。印刷された写真に絵を描いたり、切って貼り合わせたりすることで、自分のイメージがはっきりと目に見える形になり、友だちとも共有できるようになっています。同時に、手を動かすうちに新しい発想が生まれているようにも見えます。こうやって、まず子ども一人ひとりが自分の考えをクリアにし、目に見える形にすることで、その後の共同作業に誰もが自信をもって参加できるのかもしれません。木が美しくなるように次々とアイデアを出し合う子どもたちの姿から、自分が何を美しいと思うか、それをどう表現するかという審美性が、子どもたちの協働での活動を支えていることに気づかされます。子どもたちが自分たちの思いを重ね合わせてつくった木は、まるで、共感し合うことで心地よく共生する自然と人との関係を表しているかのようです。環境と自分、互いが心地よいと思える関係は、持続可能な発展の根本となるものではないでしょうか。公園をめぐる探究は、「私たちは誰なのか」という探究ユニットで行われたものですが、他者である公園、木、自然との関係を考える木グループの探究は、学際的テーマの1つである「この地球を共有するということ（Sharing the planet）」の要素もふくんでいると思います。

次に、「ポエム」のグループの探究は、ELCの実践のオリジナリティと子どもたちのもつ可能性の高さがよくわかる実践だと思います。タブレット端末で写真に撮ることで、かけがえのないささやかな発見を切り取り、保存しています。そして、写真は何度でも撮り直せるので、子どもたちは何百枚と撮影した写真の中から自分の感情をもっともよく表している写真を選びます。保育者はその写真を印刷し、その写真に刺激された子どもたちのことばを聴き取り、付箋に書いて写

訳者解説

真のまわりに貼ります。そのことばを組み合わせる時にもパソコンを使うことで、意味をつなげたり順番を変えたりということが簡単に行えます。当時の担任だったクレア先生によると、最初はパソコン上でことばを組み合わせるだけだったそうですが、次第に、子どもたち自らフォントやその色、背景を変えられることに気づいたのだそうです。子どもたちは、このような文字の視覚的な要素が写真やポエムで伝えたいことを強調する手段であることに気づき、文字を彩っていきます。子どもたちにとって、感情やイメージ、考えを表す時に様々な表現手段を使うのは、ごく自然なことなのかもしれません。しかし、それを後押しするのは視覚とことばをつなごうとする保育者の誘いであり、タブレット端末というパワフルな道具です。また、保育者は、綿毛を意味するＦという文字を「再発明」しようと子どもたちを誘っています。この時、子どもたちはこの遊び心ある書きことばの探究を通して、文字がただ単に他人によって決められたルールに従った記号なのではなく、元をたどれば、この時の子どもたちと同じように、昔の人が何らかの意味やイメージを伝えるために創造し、工夫して今の形になったのだということを追体験しているのかもしれません。ポエムグループの子どもたちは、創造的に文字と出会い、物事との意味を表す形式とその必要性を再発見しています。このポエムグループの探究では、保育者はどのような役割を果たしているでしょうか。１つめは、保育者は頃合いを見計らって、子どもたちの考えていることや感じていることを無理なく遊び心をもって表現できるような道具を与えています。そして、表現する手段を、写真から絵へ、写真からことばへ、文字から造形的な書きことばへというように、１つの表現手段から別の表現手段へと移しています。保育者は、ただ子どもたちの自発的な活動に任せている訳ではなく、表現のある領域と別の領域とを意図的につないでいるように見えます。２つめは、小学校以降での読み書きを見通して、文字や書きことばの可能性を伝えている点です。書きことばを試行錯誤して使ったり創ったりした経験を通して、子どもたちにとって書きことばはずっと身近な表現手段になったのではないでしょうか。このような親近感は、小学校以降に読み書きをわがものとすることにつながると思います。そして、保育者の役割の３つめは、何といってもドキュメンテーションです。このポエムグループのドキュメンテーションからは、子どもたちの審美性に驚き、目を見張っている保育者の姿勢が伝わってきます。保育者は「公園の一体何がこんなに好きなんだろうか」という問いに立ち返り、子どもたちが手を伸ばすもの、目を留めるもの、子どもたちの使うことばを写真や文字で記録しています。その記録が、次の展開を生んでいるように思います。レッジョの哲学とも通じるところですが、前もって計画することよりも、その場その場での子どもたちの興味や関心、好奇心の向く先を探ることに重きをおき、次の提案をしています。ドキュメンテーションが、保育者にとっても子どもたちにとっても、進路を教えてくれる水先案内人のような役割を果たしていると思います。

「噴水」グループの探究は、粘土で噴水をつくりながら、水の通り道とその流れについての理論も一緒につくりあげています。噴水の水を、「一体どうやって上まであげているんだろう」と話し合う場面では、「ストローを吸う」という自分のもっていた経験や知識と結びつけて、噴水の水の通り道と流れについて推論し

訳者解説

ています。このように、子どもたちが自分たちの問いを自分たちのやり方で探究し、理論を構築するために、保育者は粘土という素材を提供し、室内にある粘土の噴水と公園にある噴水を行き来するよう誘っています。そうやって、子どもたちに自分たちの仮説を生み出すことと、それを実証してみることを暗黙のうちに提案しているのです。また、問題が出てきた時には、「もう一回やってみて」「もっとよく見てごらん」と目の前にある粘土の噴水に子どもたちのまなざしを向けさせています。科学的な態度を通して、物事を知るプロセスと創造のプロセスは分けられないものであることを物語るプロジェクトだと思います。

アイデアの共有

別々に行っていた小グループの探究の後には、それぞれのグループのこれまでの成果をクラス全体で共有しています。子どもたちは、自分のグループのことを話す時だけでなく、他のグループが話す時も興味津々に聴いています。子どもたちの表現した（する）ものやそれを記録したものが目の前にあり、目に見えることも興味をそそる理由の1つかもしれません。アイデアを共有することでクラス全体が盛りあがり、子ども一人ひとりがグループの一員、クラスの一員であるという所属感を感じている様子がうかがえます。自分たちの表現した（する）もの、ひいては自分自身を誇らしく思っている感覚さえ感じられます。まずは子ども一人ひとりがじっくり自分のアンテナに従って探究した個の経験があり、その後、クラスという大きい集団で発表することで、自信をもって伝えられるのかもしれません。グループの規模も活動ごとに異なってい

ます。また、子どもたちも保育者も床に座り、輪になってラフな雰囲気で話をしています。保育者がパソコンを子どもたちの横で操り、現在進行形で記録している風景も新鮮です。

探究の発表をどのように行うか、その進行の手順やセリフ、保護者を招待する方法については、子どもたちが話し合って決めています。公園との対話は、「私たちは誰なのか」の探究ですが、園の大事なイベントについて子どもたち自身が決め、実行する点では、「私たちは自分たちをどう組織しているのか（How we organize ourselves）」の探究もふくまれているといえます。

発表

訳者である私は、幸運にも発表の日に立ち会うことができました。当日は、マイクをもって観客をもてなして案内する子どもたち、自分たちのやってきたことを誇らしげに説明する子どもたちの姿がありました。戸惑ったり、恥ずかしがったり、友だちと顔を見合せながら沈黙する姿もありました。そんな時、保育者は周囲でそれを見守り、最後まで子どもたち自身がイベントを進めていました。この保育者の姿勢にもELCの特色が表れているように思います。それは、間や沈黙も、その子が考え、自分で判断するには必要だという理解があることです。ELC全体に流れる、落ち着いたゆるやかな雰囲気は、間や沈黙が子どもの思考や認識を深めるために大切だと肯定的に捉えていることからも生まれているのかもしれません。

もう1つ印象に残っているのは、保護者の姿です。ある母親が「水はどこから来るのだろうか？」という

訳者解説

テーマで噴水を表現したグループの発表を見て、「私も小さい頃、はじめて噴水を見た時に思ったの。『この水、いったいどこから来るんだろう？どうやって上に戻るんだろう？』って。それからずっと気になっていたの。子どもたちの発表を見ていたら、それを思い出したわ。そういう問いをこんな形で探究できるのね。これこそ科学的な態度の芽生えよね。子どもたちにとっての真の学びだと思うわ」と保育者に話していたのです。この保護者の姿から、子どもたちのやっていることが挑戦的で面白いものであれば、その面白さを丁寧に保護者に見せることで保護者もまたその面白さに巻き込まれていき、園の理念や実践を理解することができるのだと思いました。そして、その根底には、保護者もお客さんではなく、有能な学び手であり、保育のパートナーとして一緒に学んでいこうと考えているELCの哲学があるのだと思います。

1年間にわたり取り組まれた「公園との対話」の探究は、ELCの魅力を十分に物語っています。公園と自分、他者と自分との心地よい関係を考える探究の実践は、警鐘を与えるような方法ではなく、もっと気軽で創造的な方法で、持続可能な開発のための教育が実践できるのだということを示しています。この物事へのやわらかでしなやかな姿勢が、ELCの大きな魅力であると思います。

さらに、この探究には子どもたちが何を美しいと思うか、何をよいと思うかという審美性が、その子らしさや協働の基礎となる個の確立に深くつながっているという哲学が一貫してあります。ELCを訪れた際、保育者がこの探究のポエムグループについて、以下のように話してくれました。このグループのメンバーの1人は英語が母語ではなく、決して流暢に英語を操る子ではなかったそうです。しかし、その子が写真から思い浮かぶことばをじっくりと考えた末につぶやいた時、そのことばがどれも詩的で審美的なことばに思えたというのです。自分の母語ではないからこそ、そして、その子が物事の細かなところに気づく感性の持ち主だったからこそ紡ぎ出されたことばだったのだと思います。この話を聞いた時、この公園との対話の探究が、真に「私たちってどんな人間なんだろう？」という問いのもと、アイデンティティを深く探究するものになっていると感じました。子ども一人ひとりのその子らしさを、その子の審美性の中に保育者が発見し、記録しているところが、ELCの魅力ではないかと思います。

Inquiry 探究 2

The SPECIAL BOX
みんなの特別な箱

　この4歳児クラスの活動は、スペシャルボックスと呼ばれる箱を誰が最初に家に持ち帰るか、どうやって持ち帰る順番を決めるかという仕組みづくりについての一連の探究です。

　スペシャルボックスを持ち帰るという取り組みは、ELCで毎年行われているもので、ある年は「私たちは自分たちをどう組織しているのか（How we organize ourselves）」という探究ユニット、またある年は「この地球を共有するということ（Sharing the planet）」という探究ユニットと、年によってその取り組み内容が異なっています。そこで、2つの探究に共通しているところと異なっているところを考えながら、スペシャルボックスを持ち帰るという活動を通して、子どもたちが何をどのように学んでいるのかについて考えていきたいと思います。

「私たちは自分たちをどう組織しているのか」の探究

学際的テーマ	重要概念と関連する問い	探究の道筋（重要概念）	中心的アイデア
私たちは自分たちをどう組織しているのか	人間が作ったシステムとコミュニティーの相互的な関連性、組織の構造と機能、社会的意思決定、経済活動とそれが人間と環境に与える影響に関する探究。	・システムを確立する（機能） ・必要に応じて解決法を考える（因果関係） ・コミュニティにとってのシステムの効果（責任）	私たちが互いに仲よく生きるために必要な仕組みを創造し、利用する

Courtesy of Yokohama International School. All rights reserved.

社会の仕組みをつくる

ELCでは1年間を通して、子どもたちが順番にスペシャルボックスを家に持ち帰り、その子どもにとって5つの大切なものをボックスに入れ、再びELCに持ってきます。箱の蓋には、その旨のメッセージが書かれていて、中に入れるものは写真であったり、絵であったり、様々な宝物です。翌週、1つずつ入っているものを毎日他の子どもたちに紹介し、共有します。この活動を通して、保育者はどのようなことを意図しているのか、保育者のドキュメンテーションには次のように書かれています。

保育者が書いたドキュメンテーションより

「私たちは自分たちをどう組織しているのか」という探究ユニットの中心にあるのは、「私たちが互いに仲よく生きるために必要な仕組みを創造し、利用する」という考えです。スペシャルボックスは、この考えを探究するためのリアルな文脈を与えてくれます。この考えを探究するために、仕組みの必要性を認めること、ある必要性に対して解決策となるものを考えること、コミュニティを成り立たせる仕組みに共感するという道筋をたどります。子どもたちは自分たちに理解できる仕組みをつくり、利用し、その仕組みに対して正しくあろうとします。これは、誰がスペシャルボックスを持ち帰るのかという仕組みをつくり出す物語です。

この年の実践では、皆の同意を得られるような仕組みをつくることが探究の中心にありました。つまり、民主主義の前提です。子どもたちが自分のことをコミュニティの一員であり、参加者であると感じるように保育者は願っています。
　では、具体的にどのようにして子どもたちがスペシャルボックスを家に持ち帰るための仕組みをつくり出したのか、ドキュメンテーションから探っていきたいと思います。

　スペシャルボックスがはじめて子どもたちに手渡された日のことです。一度、箱が子どもたちの手に渡ると、子どもたちは蓋に書いてあるメッセージに心を奪われ、「何て書いてあるんだろう」「誰が書いたんだろう」と思いをめぐらせました。そのメッセージを何度も読み、やっと全員が読んで満足すると、順番に箱を家に持ち帰ることに同意しました。しかしそこで、「でも、誰が一番最初に持って帰る？」という問題が出てきました。
　子どもたちは、話し合いをするために保育者の周囲に集まります。保育者は、「誰が最初にスペシャルボックスを持ち帰るか、いい考えはない？」という質問を投げかけて、子どもたちを話し合いに誘います。子どもたちの１人、ヘンリーは自分の名前を筆頭にあげ、宝箱を持ち帰る子どもたちの名前を順番に言いはじめました。すると、別の男の子が抗議します。

スカイ	「なんで、いつもヘンリーが さいしょなんだよ」
ニッキー	「だって、ほかのひとは もってかえりたいって いわなかったけど、ヘンリーは いったからだよ」
ヘンリー	「ニッキーとエリーグレースには、そのほうがこうへいだからだよ」
イサベラ	「ちがう。それは、こうへいじゃない」
スカイ	「エリーグレースとニッキー、ヘンリーは、いつも なかがいいからね」
ヘンリー	「そうか。イサベラが すごくさいしょに もってかえりたいから、さいしょに もってかえるべきだね」

　しかし、その後、子どもたち全員が「わたし（ぼく）だって、いちばんさいしょがいい！」と叫びます。子どもたちのほとんどが、自分

自身の名前や一番仲のよい友だちの名前をあげています。そこで、保育者が探りを入れるように、「誰が持って帰るか、どうやって決めたらいい？」と、さらに質問を投げかけます。すると、子どもたちの中から、次のような声があがります。

エリーグレース	「ひとりだけが、もってかえれるんだよ。みんな いちばんになりたいと おもってるんだよ」
ヘンリー	「ぼくたち、なにか かんがえないとだめだよ！」

　子どもたちは、自分がスペシャルボックスを持ち帰るのにふさわしいと示すために、今まで持ち帰ったことがないからという理由を出します。

アメリア	「もちかえるじゅんばんは、わたし、ヘンリー、エリーグレース、ニッキーで、そのつぎに ほかのひとたちがいいとおもう。だって、わたし いままでスペシャルボックスを もってかえったことないもの」
カイ	「ぼくもだよ！」
ヘンリー	「ぼくもだよ！」

　すると、前年度も4歳児クラスで過ごした1人の男の子が次のように発言したことで、話し合いは新たな方向へと向かいます。

| ニッキー | 「ぼくは まえにもってかえったの、おぼえてる。だから、ぼくが さいごになるよ。だって、ぼく、まえにもってかえったことあるから。それは こうへいじゃないもんね。もう もってかえったことあるから、ぼくが さいごになる。ぼくがいちばんおおきいから、ぼくが さいごだ。いちばんおおきいひとが さいご、いちばんちいさいひとが さいしょになればいい」 |

　ニッキーのことばをきっかけに、子どもたちは一番大きい人が最後、一番小さい人が最初という基準を発見することになりました。そして、この考えに子どもたち皆が盛りあがり、話し合いはさらに進んでいきます。

　ドキュメンテーションでは、保育者はこの様子を次のように記録し、解釈しています。

| 保育者が書いた
ドキュメンテーションより | 　子どもたちは解決策を見つけ出すことに情熱を燃やし、多くの子どもたちに受け入れられるような考えが芽吹くまで辛抱強く取り組みました。話し合いは、対話、聴くこと、衝突、そして合意に達したいという強い思いの場となりました。このように互いの考えを共有し、他者の考え方や意見に自分自身を開く行為の中で、自分に関わるすべての人と敬意をもって理性的に深く考える批判的な対話（critical dialogue）を行える批判的思考の持ち主（critical thinker）となる道ができていくのでしょう。 |

　続いて、ニッキーの考えが伝染するかのように、子どもたちは「大きい」と「小さい」についてのアイデアを提案していきます。この「大きい」「小さい」についての考えは、背くらべをするために2人の子どもが立ちあがるように言われると、さらに掘りさげられることになりました。

イザベラ	「アメリアのあたまは うえにあるけど、マリのあたまは したにあるよ」
ヘンリー	「マリはここでしょ、アメリアはもっとうえ。マリがちいさい」
リュウ	「アメリアは5さいで、マリは4さいだもんね」
アメリア	「わたし、4さいだよ」

子どもたちの会話から、「大きい」ということを年齢と結びつける子もいれば、身長と結びつける子もいることがわかります。段々と「大きい」は「背が高い」という意味へと向かい、子どもたちは次々と背くらべをしていきます。この様子を、保育者は次のような言葉で意味づけています。

**保育者が書いた　　　　**
ドキュメンテーションより

　私たちは子どもたちが自発的に測定や分類の仕方を探究しはじめたことに心を動かされ、これらの概念が実際に子どもたちが生活し、遊び、考え、交渉する日常的な経験の中に根づいていたことに驚きました。子どもたちは驚くべき要領で2人の子どもの背をくらべ、つま先立ちの子と足の裏をぴったり床に付けた子とを一緒に測らないように気を配るなど、一貫して公平であろうとしていました。

背くらべ

集まりのたびに、子どもたちは背くらべをしていました。そうやって、スペシャルボックスを持ち帰る順番を決めるという問題を解決しようとしていたのです。そんな時、1人の女の子がある提案をします。

エリーグレース	「ママは、ものをはかるどうぐを もってるよ。それがあれば、どんなものでも はかれるの。そのどうぐはながくて、すうじがかかれてるんだよ」

この提案に、他の子どもたちもすぐに興味をそそられました。

アメリア	「それって、メジャー（巻尺）のようなもの？」
エリーグレース	「そう、なんていうか……まるくて……とくべつなどうぐで、どこでももっていけて、すうじとかが かいてあるの」

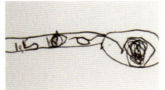 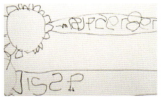

　このような会話から、1人の子どもが「それ、かみでつくってみようよ」と提案します。こうして、子どもたちは自分たちの「メジャー」をつくるために一緒に動き出したのです。この様子を、保育者は次のように記録し、解釈しています。

保育者が書いたドキュメンテーションより	私たちは、子どもたちが比較や測定、順序といった難しい概念の意味をつかむために、何かを発明するという方法を用いたことに驚きました。子どもたちが測定や数字の概念に、形と意味を与えようと測定する道具をつくる様子を見ていると、フランシス・ベーコンの思索に満ちたことばが思い出されました。「頭と手がばらばらに働いていると、どこにも行きつくことができない。頭と手が一緒に働くと、何かを成し遂げることができる。しかし、さらにもっと大きなことを成し遂げられるのは、頭と手が道具とともに働く時だ」

　メジャーができあがり壁に掛けられると、子どもたちは背くらべをするために使いはじめました。しかし、スペシャルボックスを持ち帰る順番を決めるために背の高さを記録するというところまではしていません。その様子を、保育者は「何か歯がゆい思いをしているよう」と記録しています。
　その歯がゆい思いは、ニーナのことばからもわかります。

ニーナ　「すうじが まっすぐに かかれてないからだめ。もっと、きれいなのがいるよ。こんなんじゃなくて。ミワにかいてもらおうよ。あんなふうに、まっすぐに すうじがならぶように。このメジャーはめちゃくちゃ。すうじも、うえとしたがぎゃくになってるもん。へんだよ」

　そこで、しばらく話し合った結果、子どもたちは少人数のグループで、新しいメジャーづくりに取りかかることにしました。
　新しいメジャーをつくり終えると、子どもたちは誇らしげに壁に掛け、すぐに喜んで使いはじめました。家で身長を記録するために身長計を使った時のことを思い出したのか、今度は自分の名前をメジャーのすぐ横に付けたいと望みました。そうすれば、全員の背の高さが簡単に見てくらべられるからです。

理論と実践の両輪

アメリア　「こうすれば、だれがスペシャルボックスをもってかえるかが、わかるね」

　子どもたちは、メジャーがスペシャルボックスを持ち帰る順番を決める仕組みに必要なものだということを忘れていませんでした。子どもたちの誰もがメジャーで決めた順番が公平なものだと理解し、メジャーでの背くらべから、背が低い人から順番に持ち帰るリストをつくりました。こうして、子どもたちはうまく仕組みをつくり出しました。
　この背くらべについて、保育者は次のように記録しています。

保育者が書いた
ドキュメンテーションより

　当初は、仕組みをつくり出すことについての話し合いでしたが、子どもたちの考えをより深く探究していくうちに、「背の高さ」という概念が子どもたちが大きな情熱を傾けるものになっていきました。子どもたちは、背の高さと年齢の比較をする中で、自分自身と他者に対する気づきを深めていき、自分自身と自分のアイデンティティへの理解につなげていきました。私たちの学びがこのように織り合わさったことは、とても興味深いことでした。
　この課題は、様々なスキルや理解力の育ちを伴っていました。とくに、序列、連続、比較、測定、数字といった数学的概念、そして、そこに関係を見出すといったことです。また、子どもたちは生きるうえできわめて重要な交渉や協働といった社会的スキルも育てていました。子どもたちが何度も何度も記号を使い、順序を調べているその時、私たち保育者は子どもたちの中に大きな満足感が芽生えているのを実感したのです。

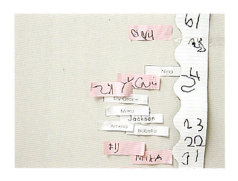

104　Theory and Practice in Unison

「この地球を共有するということ」の探究

学際的テーマ	重要概念と関連する問い	探究の道筋（重要概念）	中心的アイデア
この地球を共有するということ	限られた資源を他の人々そして他の生物とどのように分け合うのかということに取り組むうえでの、権利と責任について、コミュニティーとは何か、そしてコミュニティー内およびコミュニティー間の関係性、機会均等に実現について、平和そして紛争解決についての探究。	・争いの解決法（機能） ・自分の選択と行動がいかに他に影響を及ぼすか（因果関係） ・源の共有（責任）	私たちが互いに仲よく生きるために必要な仕組みを創造し、利用する

Courtesy of Yokohama International School. All rights reserved.

また別の年にも同じように4歳児クラスで、スペシャルボックスを誰が最初に持ち帰るか、どうやって持ち帰る順番を決めるかについて話し合われました。この年は「この地球を共有するということ」という探究ユニットに基づき、1年間の長期にわたるものでした。探究の中心となる考えは、「人は、平和な世界のために、環境を共有する責任がある」というものです。保育者の意図は、一人ひとりの世界の見方と責任に着目させ、葛藤を解決する方法を見つけさせること、自分の選択や行為が他者に影響を与えるということに目を向けさせることにありました。

スペシャルボックスを持ち帰る人を選ぶには？

新学期である9月のある日、スペシャルボックスが子どもたちの前に差し出されました。突然、目の前に現れた箱に、驚いている様子です。子どもたちは箱を開けて、中にあるメモに気づきます。保育者がそのメモを読むと、そこには「スペシャルボックス」と書いてあります。それを聞いて、1人の子が言います。「でも、だれがさいしょにもってかえるか、きめないといけないよ」

すると、何人かの子どもが「わたし！」「ぼく！」と口々に言います（子どもの名前は仮名です）。

理論と実践の両輪

保育者	「ぼく！わたし！と言う子は、最初に持って帰ってもいいかしら？」
ロイ	「じゃ、ぼく、いいこになる。えんでは ふざけたりしない」
メグ	「おひるねのじかんに いいこにしてたら、スペシャルボックスを もってかえれることにしよう」
マイク	「いいこだったらね」
リョウ	「じゃ、ぼくがさいしょ。だって、ぼくはもってかえりたいから」
メグ	「いちばん、としうえの ひとにしよう」
アン	「ずっと いいこでいられるひとが、さいしょに もってかえれることにしよう」
クリス	「わたし、としうえだよ。いちばん おおきいんだから」
マイク	「ぼくだよ。スペシャルボックスのなかに、たからものをいれるんだよ。おおきいおともだちが、もってかえらなくちゃ」
メグ	「じゃ、せんせいが きめるのはどう？」
保育者	「それが公平だと思う？」
ロイ	「うん、こうへいだとおもう！」

　　　ここでは、子どもたちは「いい子でいる」という考えや「年上」という年齢を基準に順番を決めるというアイデアを出しています。

次の週、前回に引き続き、話し合いが行われました。保育者は、前の週に子どもたちが言ったことをもう一度子どもたちに伝えました。それを聞いて、子どもたちは自分たちの考えを出しはじめました。

ロイ	「わるふざけしないひと！」
タロウ	「いちばん としうえのひと！」
チャーリー	「いちばん せがたかいひとが、さいしょにもってかえれる」
アン	「さいしょにみつけたひとが、もってかえれることにしたら？だれか そのはこをかくして」

子どもたちから新しいアイデアが出てきます。子どもたちは互いに聴き合うことで、そのアイデアを共有しています。これまで、「悪ふざけしない人」「一番背が高い人」「一番年上の人」「箱を見つけた人」という4つの案が出されました。

1週間後、子どもたちの前に4枚の紙が差し出されました。紙には4つの案が書かれています。子どもたちは自分の写真が貼ってあるブロックの人形を持ち、自分がいい考えだと思う紙の上にその人形を置いていくことにしました。その結果、一番多く票が入ったのは「悪ふざけしない人」でした。もう一度、別の日に確認した時にも同じような結果となり、「悪ふざけしない人」が順番を決めるための基準となりました。投票するという考えや多数派という考えについても話し合い、この概念についてはまた別の状況で探究しなければならないと保育者は考えました。保育者は、ここで次の質問を投げかけました。

保育者	「じゃ、『悪ふざけしない』ってどういうこと？」
ケイ	「たたかいごっこをしない」
リョウ	「ほかのひとが たたかいごっこをすきじゃなかったら、たたかいごっこをすると ほかのひとを いやなきもちにさせちゃう」
エリック	「リョウが、はしりまわること」

ロイ	「チャーリーがあとをついてきて、それがいやだなとおもったら、それが ふざけてるってこと」
メグ	「ひとのまねを しないこと。ひとが なにかしているときに、べつのひとが まねしたりすると、かなしくなる。だれかをたたいたら、それはふざけてるってこと」
リョウ	「パンチしたり、キックしたりするのも」
保育者	「それで、誰が『悪ふざけしない』人を決めるの？」
ロイ	「せんせい」
保育者	「子どもが決めるべきだと思う人はいる？」
	（メグ、マイク、シン、リョウ、タロウが手をあげる）
メグ	「ほんとうは、せんせいが きめるべきだと おもう。だって、わたしたちより おおきいんだもん」

この時のことを、保育者は次のように振り返っています。

保育者が書いた ドキュメンテーションより

　この話し合いでは、「悪ふざけしない」ことが何を意味し、どういうことを意味するのかについての子どもたちの考えと理論が明らかになりました。それは子どもたちの批判的思考がめぐる、きわめて興味深い話し合いになりました。よくあることですが、子どもたちは実際には「ふざけていない」ことの反対の例を出しています。光について理解するために、暗闇について語るように、対にして考えることで、よりよく理解できるのです。ここから、私たちはどの方向へ進めばよいのでしょうか。

保育者は、子どもたちの話し合いの流れから、どういう方向に進むべきかを考えています。1週間後の話し合いのドキュメンテーションには、このように記されています。

**保育者が書いた
ドキュメンテーションより**

　私たちは、子どもたちがこの探究の中心となる考えを理解するためのターニングポイントに来ていると感じていました。その考えとは、「人は、平和な世界のために、環境を共有する責任がある」というものです。鍵となる概念は、一人ひとりの責任と見方です。世界と調和して生きるために、「悪ふざけしない」という基本的なことを基準にした子どもたち。では、「悪ふざけしない」とはどういうことなのでしょうか。

　保育者は、「悪ふざけしない」ことについて、もう一度たずねてみました。

保育者	「戦いごっこをしないってことは……」
ロイ	「いいこだってこと」
保育者	「……ということは、戦いごっこをしない人は、どういう人かしら？」
ロイ	「やさしいひと」
保育者	「じゃ、『分け合わない』『独り占めする』の反対は？」
タロウ	「やさしい」
ロイ	「わけあうってこと！」
保育者	「じゃ、リストに書き足してもいい？『分け合わない』ことの反対は、やさしいってことね。じゃ、『人の話を聴かない』の反対は？」
ロイ	「ひとの はなしをきく！」
クリス	「ひとの はなしをきく！」
保育者	「そう、じゃ、『悪ふざけしない』ってことは、やさしくて、分け合うことができて、人の話を聴く人ってことでいいかしら？」

　こうして、子どもたちと保育者は、スペシャルボックスを最初に持ち帰る人を選ぶ基準をつくりあげました。そして、もう一度、悪ふざ

理論と実践の両輪

けしない人を保育者が選ぶという考えについて話し合うことにし、子どもたちは今回も保育者が選んでいいと言いました。保育者は一番背が高く、年上で、ボスだからということです。

　保育者は、最初に持ち帰る人としてアンを選びました。そして、アンの番が終わったら、次はアンが次の子を選ぶことにしました。誰が持って帰るかは子ども自身で決めたいと言った、子どもたちの考えを取り入れたいと思ったからです。何人かの子どもたちはがっかりしたようですが、保育者はアンを指名しました。子どもたちが他の人の喜びも、自分のことのように感じてほしいと願ってのことです。この時のことを、保育者は次のように振り返っています。

**保育者が書いた　　　　　**
ドキュメンテーションより

　子どもたちと一緒に過ごしていると、私たちはよく皮肉な事態に出くわします。このプロセスでも、「悪ふざけしない」という基準は、必ずしも子どもたちにとって有利に働くものではありません。私たちは子どもたちの決心を誇りに思い、子ども一人ひとりがグループの中で果たした役割にも敬意を払っています。

　短い秋休みが終わると、アンはスペシャルボックスに5つの宝物を入れてELCに持ってきました。毎日、子どもたちはアンがどんな宝物を見せてくれるのかをワクワクしながら待ち望んでいました。
　保育者は、次にスペシャルボックスを持ち帰る人を選ぶ基準をもう

一度思い出せるよう、何らかのマップがあればいいのではないかと感じました。そこで、子どもたちは分け合うこと、やさしくあること、人の話を聴くことの様子を絵で描き表し、マップのまわりに糊で貼りました。

アンは、スペシャルボックスをロイに渡すことに決め、マップに自分の名前を書いて、箱をロイに渡しました。

活動や遊びの中で子どもたちを観察しているうちに、保育者は子どもたちが葛藤を解決し、互いに交渉していけるよう、責任感を育てるための支援をしたいと思うようになりました。そこで、「みんなが楽しくいられるためには、どんなことができると思う？」という問いを投げかけました。すると、子どもたちから次のような答えが返ってきました。

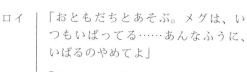

ロイ	「おともだちとあそぶ。メグは、いつもいばってる……あんなふうに、いばるのやめてよ」
メグ	「そうね、いばらないようにする」
クリス	「もっと、えいごを はなすようにする」
リョウ	「ばかなことをいったり、しないようにする」
マイク	「きらいって いわないようにする。それに、キックとかパンチとかをしない」
タロウ	「シンとあそぶ。ほかのひとともあそぶ」
チャーリー	「ひとがいやがる なまえで よばない」

そこで、保育者は一人ひとりが受けもつ責任を思い出せるよう、もう1つのマップをつくりました。子どもたちが、自分のためだけにマップを見るのではなく、誰がどんなことを心がけているかを思い出し、互いに助け合えたらと思ってのことです。

何が公平で、何が不公平なのか

12月までの間に、スペシャルボックスはアン、ロイ、メグ、タロウ、クリス、シンの順に渡りました。シンの順番が終わると、自分の番が終わったことを示すために、名前をマップに書き込みました。

保育者	「シン、誰にスペシャルボックスを渡したい？人と分け合い、やさしくて、人の話を聴くのは誰かしら？」
シン	「ロイ」
チャーリー	「ロイのばんは、もうおわったよ」
メグ	「それじゃ、こうへいじゃないよ」

このような会話がきっかけで、何が公平で、何が不公平なのかについて話し合うための討論の場が設けられることになりました。

チャーリー	「それは、こうへいじゃないよ。ぼく、いつもひとのはなしを すごくよくきいてるよ」
保育者	「シン、やっぱり、ロイにスペシャルボックスを渡したいの？」
シン	「うん、それかメグ」
チャーリー	「メグのばんは、もうおわってる」
保育者	「どう思う？誰かがもう一度スペシャルボックスを持ち帰るのは公平？それとも不公平？」
メグ	「ふこうへい」

子どもたち全員が、すでに順番が回ってきた人が再びスペシャルボックスを持ち帰るのは不公平だということで一致しました。ここで、子どもたちは同意に達する必要があります。シンは、すでにスペシャルボックスを持ち帰ったことのある友だちを指名しましたが、子どもたちの中にはそれは公平じゃないと抗議する子もいれば、最初からまたはじめようと言う子もいます。

　この日、スペシャルボックスが誰かに手渡されることはありませんでした。子どもたちと保育者全員が同意に達することがなかったからです。シンが誰に箱を渡すか、その決断に他の人が同意できるかどうか、翌週まで様子を見てみようということで落ち着きました。

　別の日、またミーティングがもたれました。その話し合いで、子どもたちは2つのことを決めました。1つは、すでに順番が回ってきた子がもう一度持ち帰るのは公平ではないということ。もう1つは、「ぼく、ぼく、ぼく」と叫ぶ子は持って帰るべきではないということです。そこで、保育者はシンに次に誰に渡すかをたずねました。

シン	「リョウ」
保育者	「どうしてリョウに渡したいの？」
シン	「わかんない」
保育者	「リョウが持って帰るということで、みんなはいい？」
メグ	「だめ、リョウは たたかいごっこをしてるもん」
ロイ	「だめ、だってリョウは ぶきをつくって、それで たたかいごっこをするもん」
アン	「きょう、リョウは にせもののピストルで、アンやメグ、ロイをうとうとしてた。わたしたちの ものをこわして、とっていったし」
リョウ	「ぼくはとってない、ぼくはいらない……」

　この会話の後、リョウは言いました。

理論と実践の両輪　113

| リョウ | 「ぼくが ひとのはなしを きけるようになったら、ぼくはスペシャルボックスをもってかえる。それまで、もっといっぱい またなくちゃいけない」 |

　保育者はシンに、やはりリョウに渡したいと思っているかをたずねました。するとシンは、次にケイの名前をあげました。しかし、他の子どもたちはケイの日頃の行いが人と分け合える、やさしい、人の話を聴くという基準を満たしていないことを次々と例をあげて言い合います。結局、子どもからの提案で、スペシャルボックスを持ち帰る活動はまたお休みすることになりました。この時の話し合いを、保育者は次のように振り返っています。

| 保育者が書いたドキュメンテーションより | 　この話し合いは45分間続きました。子どもたちは学びに向かっていたのだと、はっきりといえます。子どもたちは話し合いに参加することで、思考力を育て、既有知識を使い、葛藤を克服するための新たな方略を使っていました。また、子どもたちは他者に敬意を表し、互いの話を聴き、はっきりと話すという社会的スキルも示しました。他の人が自分をどう見ているかについて話すのを聴くのは、とてつもなく勇気がいることです。さらに、他の人の見方を受け入れ、自分の行いを反省し、どうやって変えていけばいいかについて考えるのは、計り知れないほどの勇気が必要でしょう。 |

こうして、冬休みの間、スペシャルボックスはELCに残り、続きは休み明けに再開されることになりました。

　1月、冬休みが明けた最初の日、子どもたちと保育者は探究を再開し、シンが誰にスペシャルボックスを渡すのかについて話し合いました。シンにとって、誰に箱を渡すのかを決めるのは挑戦的なことでした。子どもたちは、週末までシンが決めるのを待とうという保育者の提案を受け入れ、誰が人と分けあい、やさしく、人の話を聴いているのか様子を見てみることにしました。

　金曜日、シンはスペシャルボックスをメグに渡すことに決めました。しかし、シンを除くその場にいた子どもたちの全員が、メグが2回目に持ち帰るのは公平じゃないと言いました。保育者は、シンにもう一度たずねましたが、やはりメグに渡したいと言います。

保育者	「じゃあ、メグに渡すのは2回目だけど、それは公平だと思うのね？」
シン	「うん」
保育者	「どうして？」
シン	「だって、わけあったり、ひとのはなしを きいたりするから。もう わからない！」
リョウ	「いえで かんがえたら どう？」

　スペシャル・ボックスがELCに残されたまま、さらに1週間が過ぎました。金曜日が来て、シンが次の人を決める時が来ました。しかし、月曜日と同じ話し合いが続き、また持ち越されることになりました。そして数日経った日の朝のミーティングで、また次の人を決める時が来ました。その日はマイクとリョウは欠席していたため、シンが選ぶことになるのはチャーリーかケイのどちらかでした。

チャーリー	「……ケイは、まだ たたかいごっこをしてるから。もし してたら、ダメだよって おしえてあげる」
保育者	「心がけていることを思いだすように、みんなで声をかけようと言ってきたけれど、声をかけても聞かないみたいよね。ロイに他のお友だちとも遊ぶように言ったり、マイクに戦いごっこをしないように言ったりしたけれど……」
チャーリー	「……それに、だいきらいって、いっちゃダメといったんだけど。ぼくは、ひとがいやがるなまえで、よばないようにしてるよ」
保育者	「でも、助け合おうと思って声をかけたけど、やめなかったよね」
チャーリー	「いつかやめるよ」
保育者	「でも、みんなは今日からやめてもらいたいのよ、本当に」
チャーリー	「きょうから やめる」

　この後、子どもたちは公園で遊びました。公園では、ロイが皆と遊ぶよと言ったことを覚えていたので、皆で遊ぶためにケイドロをすることを思いつきました。子どもたちは公園でとても気持ちよく遊び、誰もが笑いに包まれ、笑顔で走り回りました。クラスの皆で1つの遊びをしたのは、はじめてでした。子どもたちは自分たちの心がけていることを忘れていなかったようで、戦いごっこをすることも、あだ名で呼ぶこともありませんでした。

その日の午後、子どもたちと保育者は、もう一度シンが決めたことに同意できるかどうかを確かめることにしました。

シン	「ぼくは、チャーリーをえらぶ……」

それに対して、他の子どもたちは次のように答えます。

ロイ	「さんせいしていいのかどうか、わかんない。だって、チャーリーは あだなをいいつづけてきたけど、いってないときもあるし」
保育者	「難しいわね。私たちはチャーリーが努力してきたのを見てきた。アンはどう思う？」
アン	「うん、わたしはチャーリーがスペシャルボックスをもってかえるってことで、いいとおもう」
ロイ	「なんにちかは、あんまりあだなで よんでないし」
アン	「ほかのひとの たからものも みたいし」
メグ	「わたしは、チャーリーがきょうスペシャルボックスをもってかえるべきだとおもう。だってチャーリーは、さいきん あだなで よんでないもん」
保育者	「ケイはどう思う？」
ケイ	「いいとおもう。いっぽ、すすんだね！」

シンの手から、チャーリーの手へとスペシャルボックスが渡ります。この時のことを、保育者は次のように記録しています。

保育者が書いたドキュメンテーションより	ケイが言う通り、私たちは一歩進みました。みんなで一緒に一歩進んだのです。保育者にとって、この学びに参加できたこと、子どもたちが忍耐力を発揮し、分かち合うという概念についての理解を深め、他者の見方について耳を傾け受け入れるということについて成長した瞬間を共有できたことは、このうえない喜びでした。

理論と実践の両輪　　117

訳者解説

スペシャルボックスをめぐる2つの探究では、どちらも子どもたちが箱に魅せられ、ワクワクしています。この感情の高まりから、子どもたちは誰もが、自分、または仲のよい友だちが、最初に持って帰る順番になりたいと主張します。

しかし、それぞれが自分の思いを伝えるうちに、他の子も自分と同じような思いを抱いていることに気づきます。その時、子どもたちはこの問題は何かいい考えがないと解決できないと気づきます。全員が一番最初に持って帰ることはできないというジレンマを感じることで、誰もが納得できるように順番を決めるにはどうしたらいいのかという問いを、自分の問いとして子どもたち全員がもっています。子ども一人ひとりの思いや欲求の表現を通してジレンマを共有し、自分の、そしてクラス全体の問いとして共有されることが、子どもたちの交渉を民主的なものにしているように思います。このようにスペシャルボックスを持ち帰る、その順番を決めるという状況は、社会の仕組みをつくり出すという探究の本物の文脈になると同時に、他の人と同じものを分け合って使う、共有する、その責任を自覚することを学ぶ本物の文脈となっています。このプロセスは、2つの探究のどちらにも見られるものですが、前者は「社会の仕組みづくり」ということに重心があり、後者には「人と分け合う」ための責任感の探究に重心があるといえます。

「私たちは自分たちをどう組織するのか」の探究

この探究では、スペシャルボックスを持ち帰る順番をどうやって決めるか、という問題を解決する仕組みを探す中で、子どもたちは「大きい−小さい」という基準にたどりつきます。そこで、自分たちの「背の高さ」を測れば「大きさ」がわかり、順番を決められるということを発見し、測定、数字、序列、比較といった数学的な概念を用いると、自分たちの問題が解決できそうだと感じています。保育者は、子どもたちの情熱が「測ること」に向いていることを察すると、活動の軌道をそちらへと向け、子どもたちの発想から出てきたもの（メジャー）をつくることで数学的概念を「見える」化させ、探究を進めていきます。スペシャルボックスを持ち帰る順番を決めるという日常の中での経験を通して、子どもたちが社会を回す仕組みの必要性を感じ、話し合うことで、その仕組みを自分たちでつくり、決めることができるのだという市民性の育成につながっていると考えられます。また、数学的概念の必要性や有用性に気づくという点で、教科固有の学習にもつながっています。このような柔軟な進め方はエマージェント・カリキュラムと呼ばれ、保育者は子どもたちの姿と活動の流れの観察に基づき、活動がどのような道筋をたどるかを予測し、子どもたちがアイデアや仮説を考察するための方向に向かうよう、そのつど探究をデザインしていきます。

「この地球を共有するということ」の探究

このプロジェクトの前半も、スペシャルボックスを持ち帰る人を選ぶ基準を話し合って決めるという点で、「私たちは自分たちをどう組織しているのか」と共通しています。しかし、この年は子どもたちの話し合いから「悪ふざけをしない」ことが宝箱を持ち帰る人の基準となり、保育者は日頃の子どもたちの様子から、他者と調和して生きるためには環境や資源を分かち合う責任があるのだということを学んでほしいと考えています。そのため、「悪ふざけをしない」という基準が一旦つくられると、保育者の願いと結びついた形で、「悪ふざけをしない」とはどういうことなのか、どういうことをしたら他の人は嫌な気持ちにならないでいられるのかということが掘りさげられていきます。「悪ふざけをしない」という基準は、さらに

訳者解説

「人と分け合う」「やさしい」「人の話を聴く」という3つのことばでいい換えられ、この性格や行動を満たす人だけがスペシャルボックスを家に持ち帰ることができるという状況が生まれます。次に、誰がスペシャルボックスを持ち帰るのかを話し合う中で、候補にあがった子どもたちはこれらの行動ができていないことを他の子どもたちから指摘されます。その経験は辛辣なものだと思いますが、子どもたちはそれらの声に耳を傾け、自分の行動を反省しようとしています。このような中で、子どもたちは誰もが気持ちよく、楽しく生活するためには、一人ひとりが守るべき規範のようなものがあることを学んでいきます。その規範が、保育者から提示されたものではなく、話し合いの中で子どもたちから出てきたものであり、保育者と一緒にことばにしたものであるということが重要なところだと思います。保育者がその年の子どもたちに学んでほしいと思っていることと、子どもたちが気持ちよく過ごすために大切にしたいと思っていることが1つになり、この「この地球を共有するということ」の探究が進んでいきました。最後にやっとスペシャルボックスが手渡されることになった時、1人の子どもの口から出てきた「いっぽ、すすんだね」ということばから、人の話に耳を傾け、自分の行いを反省し、変えていくことがどれだけ難しく、勇気のいることかがわかります。そして、他の人の気持ちを理解し、その成長を祝う仲間としての育ちも表れています。子どもたちは一歩一歩、自分のペースで進み、保育者は最後まで子どもたちを信じていました。以上のように、この探究は誰もが心地よく過ごせる社会を保つための規範や、一人ひとりが負っている責任を認識するという学びと結びついていました。

もう1つの活動

2つのドキュメンテーションには、さらに続きがあります。そこには、スペシャルボックスを持ち帰った子どもが、1日1個ずつ自分の宝物をクラスの人たちと共有する様子が記録されています。子どもたちが自分の持ってきた宝物を通して、自分を特別だと感じられる状況で、自分について肯定的に話す場をもつことができます。また、家庭生活と学校とのつながりができ、互いの理解を深めることができます。スペシャルボックスの中身を共有する活動は、自己理解や他者理解につながる、その子らしさの探究にもなっています。これらのドキュメンテーションは、子どもの学びの記録だけではなく、保育者の学びの記録でもあります。このようなドキュメンテーションの位置づけの背景には、保育者もまた学び手であり、子どもから学ぼうとする姿勢をもっていることがあります。

Inquiry 探究 3
Our First ELC Exhibition
はじめての作品展

学際的テーマ	重要概念と関連する問い	探究の道筋（重要概念）	中心的アイデア
私たちはどのように自分を表現するのか	私たちはどうやって考え・感情・自然・文化・信念・価値観を発見し表現するのか、私たちはどうやって自分の創造性について考え、それを発展させ、楽しむのか、私たちの美の鑑賞についての探究。	・様々なメディアの探検（形） ・自己表現を省みる（省察） ・「100のことば」を観客に公開する（形）	人は表現するために100のことばを使う

Courtesy of Yokohama International School. All rights reserved.

ある年、ELCでは子どもたちによる「表現のことば」展を行いました。それは「私たちはどのように自分たちを表現するのか（How we express ourselves）」という探究ユニットで、「人は自分を表現するために100のことばを使う」という考えを軸としたものでした。

　前年の4月のある日、YISのアートディレクターに声をかけられました。国際バカロレアディプロマプログラムの美術専攻を卒業する高校生の作品展にELCも参加しないか、というはじめての誘いでした。YISの中で一番若いELCの子どもたちのクリエイティブな潜在能力に光をあてる機会は、私たち保育者にとってこのうえない喜びでした。

　この探究は子ども自身の探究でもあると同時に、その子の観察に基づき、その子に応じた素材（メディア）をどのように選ぶのか、そして、その子が素材と出会ったときにどのように関わり対話するのかについての保育者自身の探究でもありました。私たちは、子どもたちの表現が「作品展のため」にあるのではなく、「表現すること自体が目的」として、作品展に参加することは開催直前まで子どもたちには知らせないことにしました。

　新しい年度がはじまると、私たちはこの探究に取りかかりました。保育者の想いや考えを埋め込んだ様々な素材や経験を子どもたちに提供し、子どもたちが興味を惹かれているものや魅了されているものに耳を傾け、観察しました。

・子どもたちはどのような素材に惹かれているのか？
・どのようにその素材にアイデンティティを与えているのか？
・どのようにして素材を変化させるのか？
・どのような方略を使って、素材を組み立てたり形を変えたりしているのか？

　これらの問いを頭におきながら、1月に2学期がはじまると、子ども一人ひとりの探究に深く迫る表現のことばがどのようなものかを、保育者は見極めようとしました。

それぞれの表現のことば

子どもに提供する素材を選ぶ時、保育者は担当ごとに分かれ、その子どもだけと過ごす時間をもつように心がけました。提供するものがすぐに決まった保育者もいれば、とても悩んだ保育者もいます。子ども一人ひとりが没頭できるようにしたかったので、「何を提供しようか？」「こういうものを提供しようと思うんだけど、どうかしら？」と、保育者同士で何度も話し合いました（子どもの名前は仮名です）。

デジタルのことば

メグは3歳児クラスの頃からテクノロジーに興味をもち、それを扱うスキルを見せてくれていました。家族がデジタルツールを使うのをよく見ていたので、ELCでもパソコンのキーボードを打ちながら「ブログをかいてるの」と言ったり、デジタルツールになじみのある様子でした。中でもデジタルカメラはお気に入りの1つで、保育者が記録を取る際の手伝いをしてくれることもありました。そこで、私たち保育者は彼女の表現のメディアとして、デジタルツールを提供することにしました。

私たちは、メグに「どんな写真を撮るのが好き？」と問いかけました。すると、「しぜん」、そして「ELCにあるもの。だって、おにいちゃんとおねえちゃんは、ELCのことをみたことがないから」と答えました。

メグにとって、ELCの写真を撮ることは、お兄ちゃんやお姉ちゃんに自分が日々生活している場を見せるという目的をもった表現となり、その表現は家族やきょうだい、ELCの関係性の中に生き、そこに自分を位置づけている彼女らしい表現だと思いました。

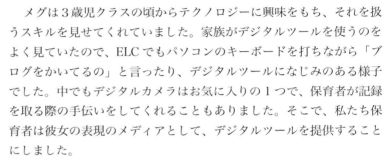

ペインティング のことば

ペインティングは、マリナがよく探究している表現のメディアです。ELCに入った時からアトリエによく足を運び、絵の具を好んで使っていました。そして、その様子を観察していた保育者たちは彼女の独特の感覚に気づき、「マリナの筆のタッチはちょっと違うね」と言い合い、また絵の具を使って絵を描く時の彼女はとても落ち着いていると感じていました。そこで、私たちはペインティングというメディアで探究をすることにしました。

保育者は、マリナに「何色を使うのが好き？」とたずねました。マリナは「ピンクと、こいあお」と答え、数ある筆の中から、絵に線や質感、形、色、豊かさをもたらす細い筆を選びました。彼女はELCに入った時から絵の具を使って絵を描くことがとても好きだったので、おそらくどんな筆だったらどんな線が描けるかということを把握していたのでしょう。この時は4歳になるかならないかの年齢でしたが、繊細な線を描ける細い筆を選んだのです。

筆を動かすうちに、彼女は何か発想を得ているようでした。「これはにじ。にじがすきなの」と言って、ピンクと青で弧を描きました。筆が残す跡を見るうちに、自分の好きなもの、大切なものを思い浮かべ、物語をつくっていきました。

このとき、保育者は彼女が自分の手の動き、その動きがつくり出す描線、色、形と対話しているのをじっとそばで聴いていました。「何を描いているの？」とたずねることはせず、ペインティングということばで彼女が語る姿を、視覚的に聴いていました。いわゆる言語的なことばで表現する必要はないのです。色で描くということば、それがマリナのことばなのですから。

コラージュのことば

　ミシェルは普段から素材の扱いが丁寧で、片づけの時にものの仕分けをきちんとしたり、器用でパズルが得意だったりと、一度やりはじめたらあきらめず、粘り強く集中して取り組む姿勢があることを、私たち保育者は日頃の観察を通して知っていました。このような観察から、彼女の丁寧さや器用さを発揮できる素材は何だろうと考え、普段、ELCではあまり使わないキラキラした宝石やフワフワした色付きの羽根を提供することにしました。

　華やかなものを与えると、興奮してたくさん取って大雑把に扱う子どもが多い中で、ミシェルはじっくり時間をかけて選ぶので、そういう素材を与えても粗末に扱わずにとても興味をもって素敵なものをつくるのではないかと私たちは考えました。きっと大丈夫だろうという確信がありました。

　ミシェルは素材を見ると、じっくりと選び、一つひとつの素材を丁寧に器用に置いていきました。このように、素材が子どもに声をかけ、子どもがそれに応じて答えることを、私たちは「対話」と呼んでいます。子どもが素材と出会

う時、保育者がことばをかける必要がないくらい、素材が子どもに声を発しているのです。

　じっくりと時間をかけ、粘り強く、没頭して表現する姿は、保育者が思っていた通りでした。しかし同時に、いつもはボーイッシュでとても穏やかなミシェルが派手でキラキラした素材を純粋に楽しんでいる姿は、保育者にとっても保護者にとっても、そしておそらく彼女自身にとっても新たな一面の発見でもありました。素材との対話が、このような一面を見せてくれたのです。

組み立てのことば

　ノブユキはいつもレゴやブロック、様々な種類の積み木、電車などを組み立てて遊ぶのが好きでした。そこで、アトリエにある竹や木の枝などの自然素材を使って組み立てるという表現のことばを選ぶことにしました。

　ノブユキは「なにをつかおうかな」と言いながら、様々な素材を持ったり、いじったり、動かしたりするうちに、「あっ、こうやることもできる！」と表現のことばを自ら耕していきました。木の枝を同じ方向に重ねたり、垂直に重ねたり、色の似ているものをまとめてみたり、自然素材を使ったことばのa、b、cをつくり出し、人間がことばを操るように文法をつくり出そうと模索していました。

　組み立てていくうちに、彼は保育者と共有したいという気持ちが高まったようで、「これ、マシーンだよ」とつくったものに名前をつけ、「ここから、こむぎこがでてくるよ。こむぎこのゴミは、ここにはいるの」と機能まで考案し、保育者に伝えてきました。素材との対話を通して、子どもたちは物語を紡ぎ出していくのです。

　ノブユキもそうですが、つくっている最中は、子どもたちはつくることに没頭しています。そして、つくった後に保育者に「来て」と言い、作品について話しはじめます。その流れの中で、物語が湧き出てくるようです。ですので、保育者は途中でことばをかけるようなことはせず、つくり終わって子どもが自分から話し出す過程で話をします。保育者があまり質問しすぎると、創造の質が変わっていってしまうことに私たちは気づいたのです。描いたりつくったりしている時には何も考えていないように見えても、こちらが「これは何？」とたずねると、そこで子どもは後づけして何をつくっているかを考えて答えてしまうことがあると思うのです。大人が「これは何？」とたずねること

で、子どもは「そうなんだ、そういうふうに、いわなくちゃいけないんだ」と思ってしまうのです。ですので、子どもからの発言であればどんどん聴きますが、こちらから積極的にことばをかけようとはしません。

子どもたちは、ことばでは言えないことを色を使ったり、素材を組み立てたりして表現しているので、それをことばにしてと言われても難しいのではないでしょうか。ただただ単純に色を楽しんでいる子どももいるし、真っ黒に塗りつぶされた絵でも、実は家を描いて、太陽が照ってきて、夜になったから真っ黒に塗ったというように、絵の後ろにぎっしりとストーリーが詰まっていることがあるのです。そこに、保育者は耳を傾けるように目を傾け、聴くということを大切にしています。「もう、これでおわり」という判断をするのも子ども自身です。子ども自身が終わりの時点を決めると、私たちは必ず「作品について何か話したいことはある?」とたずねます。そこで何も言わない子もいますが、それはそれでよいと思っています。

デザインのことば

ティーナは毎日の遊びで、たくさんのものの中から気になったものをランダムに集めることに興味を示していました。たとえば、クラスルームにあるパズルのピース、屋外にある葉っぱや石、おままごとで使うハンドバッグの中のアクセサリーなどで、ポケットから溢れるくらいまで集めます。私たち保育者はそんな姿を観察していたので、好きなものを入れられるようなカゴを渡しました。

しかし、驚いたことに、ティーナは多くのものを集めませんでした。小さな石と中くらいの大きさの石、それと大きくて重い石を1つずつ丁寧に選び、それを板の上にデザインし、「もう、これでおわり」と言ったのです。この時、私たちは「もっと足さないの?」とはたずねませんでした。「これでいいのね」と聞くと、「うん」と言って彼女が満足したからです。作品の完成や終わりを決めるのも、子ども自身なのです。

私たちは、このように表現のプロセスを大事にしています。なぜなら、そのプロセスにこそ「自己表現」が表れ、その子どもが何を好み、何をよいと思っているのかという審美性が表れているからです。

そのため、子どもたちが表現するプロセスの写真や文字の記録を子どものポートフォリオに入れ、保護者が自由に見られるようにしています。保護者が作品展での作品(成果)だけではなく、そこに至る子どもと保育者の探究の過程をふくめて見られるようにしているのです。

二項式のことば

ジャンニ・ロダーリは、次のように言っています。

> 「アンリー・ワロンは、その著『子どもの思考の起源』の中で、思考は対で形成される、と述べている。《やわらかい》という観念は、初めから形成されるものでも《かたい》という観念のあとから形成されるものでもなく、一般化という闘いの中で同時に形成されるものなのである。―（中略）― パウル・クレーも同じ考えを持っており、その論文『フォルムと形象化の理論』の中で、《概念はその対立物なくしてはあり得ない。単独で存在する概念はなく、規則的に「概念の二項式」があるのだ》と述べている」
> (1978, pp.39-40)

保育者は、ケイとマイクの観察を通して、2人には自分の内にある感情をうまく表現できないところがあると考えました。思っていることを素直に表現できなかったり、わざと思っていることと反対のことを言ってみたり、心の中に秘めていることをなかなか外に出せないでいるような印象をもっていました。そこで、まず私たちは実際に見たり触れたりできないものについて探究していきました。2人は互いのやっていることを知らずに別々に取り組みました。

保育者は、ケイの内に秘めている感情の中で、怒りとやさしさの2つを選びました。まず、「怒りってどんな色かしら？」とたずねると、彼は「あか」と答え、ELCの中から赤いものを集められるだけ集めました。次に、「怒りってどんな形かしら？」とたずねると、「さんかく」と答えました。そこで、日頃から絵よりも何かを組み立ててつくることを好むケイに厚紙を渡しました。すると、紙に三角形を描き、それを赤い色で塗ってハサミで切りました。そして、それらと他の赤い素材を使って1つの作品をつくり、怒りを表現しました。

次に、「概念の二項式」に基づいて、「怒り」の対の概念である「やさしさ」についてたずねました。「やさしさって何色かしら？」と。すると、ケイは「あお」と答え、ELCの中から青い色のものを探しました。続いて、私たちは「やさしさってどんな形？」とたずねると、彼は「まる」と答えました。そして、青い色のものを組み合わせて、やさしさを表現しました。

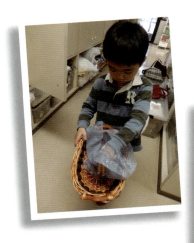

　このような表現をしたからといって、すぐに子どもが自分の感情を表現するようになるという訳ではありません。しかし、怒りとやさしさという対となる感情の両方を表現することができ、内に秘めていたもの、目には見えないものを表現することができたことを私たち保育者は喜び、このように子ども一人ひとりと保育者が真剣に向き合い、密な時間を過ごしたことで、子どもとの絆がより強くなったことを確かに感じ合いました。

　マイクもまた、何らかの方法で内に秘めた感情を表現できるようにと保育者は願っていました。そして、表現のメディアとして、私たちはにおいを選ぶことにしました。日頃からマイクはにおいにとても敏感で、何でもにおいを嗅いでいることに私たち保育者は気づいていたからです。彼はにおいを記憶に結びつけ、よく覚えていて、見た目よりも、においでものを認識しているかのようでした。
　そこで、私たちは瓶の中にラベンダーなどのハーブやお香を入れて並べ、「どのにおいが好き？」とたずねました。彼は瓶の蓋を開けてにおいを嗅いでは、「これいいにおい。このはなだいすき。これ、だいすき！」と言ったり、「あー、くさい！おこうのにおいだ。くさい！」と言って顔をしかめたりしました。
　次に、保育者は「そのにおいを絵の具で描いてみるのはどう？」と誘いました。マイクはにおいを思い浮かべながら、「くさいにおいは、さんかくなの。これがいちばんくさいやつ。ちゃいろは、いちばんくさい。あかは、いちばんくさいにおいじゃない。でも、ちゃいろは、いちばんくさいにおい。おこうがだいきらい」と言いながら絵を描き、色を塗りました。そして、「いいにおいは、まあるいの。このいろは、いいにおいなんだよ。とうめいなの。かたちは、みずたまみたい」と言いながら、よいにおいの絵も描きました。

理論と実践の両輪　129

　私たちは、ある感覚をそれとは別の感覚で表現することを大切にしています。マイクの場合もにおいをかいだ後、そのにおいの感覚を形や色で視覚的に表現することにしました。そうすることで、物事をより深く理解することができます。それに、絵に描くことで、においという目には見えないものを形にして残すことができるようになるからです。

　ケイとマイクは、別々に取り組んだにも関わらず、2人とも感情の暗い影の部分（闇・暗）を先の尖った鋭角にして赤や茶色で表現し、感情の明るく楽観的な面をやわらかく丸みのある形にして青で表現しました。これは私たちにとって興味深い発見でした。このような発見を保護者も含め全員で共有するために、作品展では2人の作品を隣同士にし、間にワロンの「概念の二項式」のことばを添えることにしました。

　このような探究が終わった後、ケイとマイクとそれぞれを担当した保育者との信頼関係はとても強くなりました。マイクは、担当したデスティニー先生に対していろいろなことを伝えたいという思いが強くなったようです。それも、子どもと保育者がずっと一緒に探究をし、真剣に見つめ合った時間があったからこそだと思います。色や形、においなど、その子どものことばで対話した経験が、関係を深めたのではないでしょうか。

茶色い粘土のことば

　リュウは日頃から1人で何か1つのことに取り組むよりも、友だちと活発に遊ぶことを選んできました。そのため、保育者は「何かをやり遂げる」ことを探究したいという願いをもっていました。

　外で遊ぶ時、リュウはいつも木に興味を示していたので、私たちは一緒に外に出て、「どんな木が好き？」と彼にたずねました。すると、1本の松の木を選びました。そして、その木と自分の関係を深めるために木に触れたり、においを嗅いだり、よく観察したりして、木との一体感を味わっていました。部屋に戻ると、保育者は彼がその木をどのようにイメージしたかを知り、分かち合うために、リュウに絵を描いてもらいました。

　数日後、その絵を元に保育者たちはミーティングをもち、リュウが何か1つのことに真剣に取り組む過程を探究するために粘土という素材を提供することにしました。粘土は力を込めて働きかけると形を変え、子どもの声に応えてくれる素材だと思ったからです。そして、保育者は様々な種類の粘土を彼に紹介し、その中からリュウは茶色い粘土を選びました。

  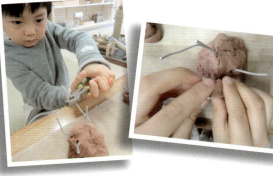

　粘土を渡すと、リュウは真剣に粘土と向き合い、捏ねはじめました。そして、まず少しずつ木の形にして立体感を出し、次に尖った松の枝葉を表現するために針金を選び、そこに付けていきました。ゴツゴツとした樹皮のイメージをフォークで跡を付けることでも表しました。そこには、彼がはじめて木に触った感触、観察、感覚のすべてが表現されていました。日頃は体を動かして遊ぶことを好むリュウですが、小さい木を繊細に形づくる様子では新たな一面を見せてくれました。木を粘土でつくることを通して、1つのものを自分の手で完成させたという達成感を感じているようでした。この探究のプロセスを共有すると保護者もとても喜び、そして作品の完成を皆で喜び合いました。

理論と実践の両輪

ホイップ粘土のことば

ミサキは普段から泥や粘土、水で遊ぶことを好み、その触覚での経験をとても楽しんでいました。それは、ことばで伝えることが少し苦手な彼女にとってセラピーのような経験になっているのではないかと、保育者たちは観察を通して話し合いました。そこで、触覚での経験を探究しようとホイップ粘土を提供することにしました。ホイップ粘土は生クリームのようにやわらかな感触で、手にまとわり付いてきて、次第に固くなる素材です。保育者が「色を付けてみたい？」とたずねると、ミサキは1つには赤の絵の具、もう1つには青の絵の具を加えました。

彼女はホイップ粘土の手触りを楽しみ、ずっと手の動きを止めませんでした。ホイップ粘土が手にまとわり付き、素材との対話が深まりました。彼女は自由な手の動きとホイップ粘土の心地よい世界に無心に浸っていました。その対話の世界における生き生きとした動きの瞬間が、そのまま形になりました。

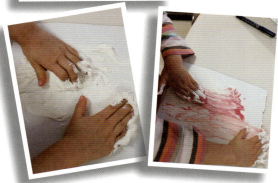

ダンスのことば

ダンスのことばで表現した子どもたちは、日頃から音楽に親しみ、踊ったり体を動かしたりすることを楽しんでいました。そのため、ダンスのことばが選ばれたのは自然な流れでした。

保育者はダンスの表現をするためには広い空間が必要だと思い、まずダンスが好きな3人の女の子たちを集め、普段は運動のためなどに使用するホールへと誘いました。そして、「今日はこの広いスペースでいろんな音楽をかけるから、好きに踊っていいのよ」と言いました。すると、子どもたちはワーッと喜び、踊りはじめました。それから、何種類かの音楽を聴いた後、もう一度1曲ずつ流し、それに合わせてダンスで自由に表現してもらいました。後日、次のステップとして一人ひとりが数種類の音楽の中から自分の好きな音楽を選ぶことにし、その選んだ曲がマイソングとなり、自分の好きな振りつけで踊ることになりました。

エキゾチックな音楽を選びベリーダンスのように体を動かしたアン、映画音楽のゆっくりした曲を選び目を閉じて優雅に手足を動かしたケイト、クラシックを選び習い事のバレエのポーズを取り入れたマーサと、その表現は様々でした。加えて、木の人形にポーズをつけ、お気に入りの衣装をデザインしました。
　ダンスのことばは造形物とは違い、形には残りません。そこで、作品展ではタブレット端末に映像が流れるアプリケーションを使うことにしました。見たい人が見たい時に、ダンスのことばで表現する子どもたちの映像を見られるような仕組みです。そして、そこに3人がつくった人形のダンサーたちも添えることにしました。
　後日の作品展で彼女たちのダンスを見た保護者からは、次のようなことばをもらいました。「ありのままの彼女でいさせてくれて、ありがとうございます」

メタファーなことば

ある雪の降った日、私たちは雪について子どもたちと話をしたいと思い、「雪って何？どういうもの？」とたずねました。すると、チャーリーが「まくらみたいに、フワフワくすぐったいんだよ」と答えました。彼は活発で元気があり、普段から自然のあらゆることに敏感に気づき、外に出ると真っ先に何かを見つけてくる好奇心旺盛な子どもでした。外に氷が張った日は氷を手で持ちあげ、空に透かせて「ぼうえんきょうみたい」と言ったり、そのことばは詩的で比喩的であることに保育者ははっと驚き、感動することがよくありました。そこで、「まくらみたいに、フワフワくすぐったい」ということばを拾い、探究することにしました。メタファー（たとえ）なことばを、彼は別のことばでどのように表現するのかを見ていくことにしたのです。保育者は「アトリエの中から、フワフワしているものを集めてみよう」と言って誘いました。

雪について話す中で、チャーリーは「ゆきって、すごくこわれやすいんだよ」と言って雪の結晶を絵に描いて見せ、紙粘土で形づくりました。詩的なことばは科学的な知識と相反するものではなく、両者は共存し、彼の想像力を高めているようでした。

そして、チャーリーは集めた様々な素材を大きな白い紙に配置し、デザインしていきました。活発なチャーリーが繊細な詩的でメタファーなことばで表現するのを見て、保育者だけでなく、クラスメイトも彼の秘めた一面を見ている気がしました。

「表現のことば」展

　3月に入り、保育者たちは作品展を行う会場の県民ホールを視察に行き、子どもたちにその雰囲気を伝えるために写真を撮りました。その時にはじめてYISのハイスクールの生徒と一緒に作品展を行うこと、自分たちの作品を展示することを提案したのです。それを聞いた子どもたちは大喜びし、みんなに見に来てもらいたいと招待状をつくったり、ツイッターで告知をしたりしました。

　会場で作品展の準備をする時間は1日だけで、しかもその日はいつも通り、ELCに子どもたちが登園してくる日でした。そこで、私たちは保護者にEメールで協力を募りました。保護者は快く手伝いを申し出てくれ、トラックの手配を請け負ってくれた人もいました。こうして保護者が積極的な参加者となり、子どもたちの作品は会場まで運ばれ、アトリエリスタでもある保育者が中心となり、他の保育者や保護者と一緒に作品を展示していきました。

　作品展の当日、子どもたちは保育者と一緒に市バスを利用して、県民ホールまで行きました。そこには、先に着いていた保護者が笑顔で待っていました。続いてオープニングセレモニーがあり、子どもたちは保護者とともに会場に入り、はじめて自分たちの作品が展示されているのを目にしました。子どもたちは会場内で走り回ったりはしゃいだりするのではなく、静かに時間をかけて、自分の作品はもちろん、友だちの作品もさらに熱心に保護者に紹介するなどして深く味わい楽しんでいました。

そして見終わると、子どもたちは保育者と再び市バスに乗りELCに戻り、普段の1日の生活を過ごし、帰りのミーティングでは保護者手づくりのクッキーでできたメダルを保育者から一人ひとり首に掛けてもらい、1日を締めくくりました。

作品展を通したそれぞれの経験

> 「真の芸術とは美術館に置いてある作品でもフィルムやディスクに記録されているパフォーマンスでもない。それより、創作することにより引き起こされる経験や作品、パフォーマンスを深く味わうという経験である」　　　　　　　　　　(Jackson, P.W., 1998, p.5)

　アーティストである子どもたちにとって、上に述べた2つの経験（作品の創作経験、自分の作品に対して好感をもつ経験）は一体となっています。作品展は子どもたちの創作物やパフォーマンスを鑑賞することを通して、大人が自分たちの習慣化した考え方や感じ方、理解の仕方を改める場となりました。

　この探究のはじまりから作品展までのすべてのプロセスに敬意を表して、ELCで10月と3月に年2回行われる保護者と子どもがELCでの生活を一緒に経験する「親と子のふれ合いの日（Student Parent Interaction Day）」に、子どもたちと保護者がポートフォリオの1ページを一緒に作成しました。「作品展で心を打たれたものは何ですか？」というテーマのこのポートフォリオの作成にあたっては、保育者と子どもたちは前もって話し合いをし、保護者とはアンケートを通じてコミュニケーションを取り、作成当日に必要な素材を準備しておきました（ELCでは長期の休みの前に、子どものポートフォリオを家に持ち帰ってもらい、その際に3つの質問が書かれたフィードバック用紙を入れておき、答えてもらうようにしています。その1つに「よりよいポートフォリオにするために何かご意見はありますか？」という内容があり、ある時、保護者の1人から「私たちもポートフォリオに参加したい」という意見があったため、取り入れることにしたのです）。

　子どもの心に残ったことが記された紙と素材が入った箱を「ふれ合いの日」に開け（作品展当日には、中身の入っていない空箱を展示していました）、保護者と子どもが一緒にポートフォリオをつくりました。中には、子どもの心に残ったものと保護者の心に残ったものが異

なる人もいました。そして、つくり終えた後、それぞれが持ち寄った食べ物で、楽しく素敵なランチの時間を過ごしました。

　子どもたちの作品は、合理性と想像力を保ちつつ、その瞬間の心の深い想いを客観的に表しています。保育者の願いは、子どもたちの創作物を見ることが生活に新鮮な空気をもたらし、自分たちに純粋さを取り戻させてくれることです。そして、子どもたちの創作物がインスピレーションとなり、子どもたちとともに、また子どもたちを通して、センスオブワンダー（sense of wonder）を感じることです。

　作品展に向けて作業する過程を通して、コミュニティの概念と捉え方に新しい意味や価値観が加わり、再構築されていきました。デューイが記したように、「人々は共通点を軸にしてコミュニティの中で生きている。コミュニケーションは人々が物事を共有するようになる方法である」（1916, p.5）ことを、私たちは学びました。私たちELCのコミュニティは、子ども、保護者、保育者から成る教育の三角体制に加え、地域社会（wider community）で成り立っています。作品展に向けた経験を共有することで、私たちはそれらを一層充実させることができたと感じています。

訳者解説

3、4歳児クラスでの「私たちはどのように自分を表現するのか」の探究は、保育者が子ども一人ひとりの「表現のことば」を聴くことを出発点にしています。

子どもに提供される素材

「ダンスのことば」のように、その子どもたちにとってもっとも自然な形で表現できるようなことばを探究する場合もあれば、内に秘めた感情や目に見えないものを表現するためのことばを探究するというように、子どもの姿と保育者の願いが重なって素材を提供する場合もあります。いずれにしても、日々の保育者の観察や「この子はどんな子なのだろう？」という探究が、素材を選ぶ時の判断の根拠となっており、「私たちは誰なのか」の探究と相互に関連した探究であると思います。造形表現・身体表現・音楽表現・言語表現と分けて考えるのではなく、日頃の子どもの姿から、その子の内なる声を聴くにはどの表現メディアが最適なのかを考え試してみるということが、ELCの保育者にとって「私たちは自分たちをどう表現するのか」の探究の自然な流れであることがわかります。

行事の考え方

この探究は、「表現のことば」展をめぐる物語となっていますが、行事のために子どもに絵を描かせたり、ものをつくらせたりしていないということも確認しておきたい点です。行事で人に「見せる」ことを目的にしてしまうと、子どもの表現の過程も保育者の探究の過程も変わってしまいます。子どもが素材を通して自分自身と向き合う時、その子らしさに満ちた表現が生まれます。保育者も、その対話に入ることはありません。その自分と素材との対話に鑑賞者・観客の存在が入ってしまうと、きっと子どもたちの意識はそちらにも向くことになるでしょう。それゆえ、ELCでは作品展に出すということは伏せて、この探究をはじめたのです。

子ども一人ひとりに素材を提供し、その子どもが表現している間は、保育者は「何をつくっているの？」といった言葉はかけません。この濃密な時間を過ごすことで、保育者は自分たちが思っていた面とは違う子どもの一面を知ることができ、保護者からも「こういう面があったのは知らなかった」という声があがるそうです。いつも一緒に過ごしている子どもたちですが、保育者はそのすべてを知っている訳ではありません。「100のことば」を通して子どもたちの知らない一面が見えてくる時、子どもの姿の観察と記録を通して、保育者も探究の途上にあることを再確認するのです。

子どもの表現に驚き、目を見張る保育者のドキュメントからは、子どもを可能性に満ちた存在と信じ、「個」をもった1人の人間として尊重している子ども観がうかがい知れます。そして、それは作品展やそこに至る過程を丁寧に保護者に見せることで、保護者にも伝えられます。作品展などの行事は、ELCの子ども観やどのようなことを大切にして日々、保育者が子どもと関わっているかという価値観を伝えるうえで重要なものです。行事を、子どもたちの育ちを確認し共有するものであると同時に、保護者に価値観を伝え、日々の保育への理解を促し、家庭と園とのパートナーシップを強くするものにできたら、どんなに素敵なことでしょうか。行事と日常の保育とはつながり合っています。行事のために何かをやらなくてはいけないという意識を変え、楽しみのために行事があると思えるように、時間の過ごし方を根本的に見直すことも必要かもしれません。ELCの実践は、そのヒントを与えてくれているように思います。

Inquiry 探究 4 — LISTENING to DRAWINGS
絵が語ること

学際的テーマ	重要概念と関連する問い	探究の道筋（重要概念）	中心的アイデア
私たちは誰なのか	自分自身の性質、信念と価値観、個人的・身体的・精神的・社会的そしてスピリチュアルな健康、家族・友人・コミュニティー・そして文化圏を含めた人間関係、権利と責任、人間であるということはどういうことなのか、ということに関する探究。	・社会情緒的な特性を探究（変化） ・人はどうやって互いを理解するようになるのか（関連性） ・人はどうやってずっと続く関係を築くのか（変化）	人は他者を理解し他者に対して敬意をもつために、自分自身を理解し敬意をもたなければならない

Courtesy of Yokohama International School. All rights reserved.

問いが動かす探究

子どもと物事を進める時、日々そうしているように、私たちは研究の問い (research question) からはじめることにしています。その問いは、子どもたちや保護者と一緒に突きつめていきたい「私たちは誰なのか (Who we are)」という問いです。この大切な問いを中心に、探究が動いていきます。この問いを頭において、保育者は子どもたちが他の子どもたちや環境と関わる様子をじっくりと観察し、耳を傾けます。ある時、私たちは1つのことに気がつきました。それは、子どものその子らしさと彼らの世界は、ストーリーを中心に展開しているということです。そのストーリーはおままごとをする時や積み木を積む時、屋外で遊んでいる時、または絵を描いたり、ものをつくったりしている時に生まれます。そして、これらのストーリーは子ども一人ひとりがどんな人物なのかということを、はっきりと教えてくれるのです。

さて、私たちのねらいは、1年を通して子どもたち一人ひとりのストーリーを紡いでいくことにあります。さらに、子どもたちが人との関係を通して自分自身の特性を追究するために、互いのストーリーを共有し、理解し合うことがもう1つのねらいです。このように、一人ひとりの子どもが成長し、集団の一員である自分に気づく時、学びのプロセスが生じます。そのプロセスを見守ることが、私たち保育者の願いです。聴くことを通して、自立した考えの持ち主として互いを大切にし、互いのストーリーを理解するとともに、尊重する気持ちをもってもらいたいと思っています。

この探究には、アイデンティティや自立、支え合い、自己認識といった概念も関わってきます。ELCでは、保護者もまた文化的要素を含んだストーリーや情熱を共有してくれるという点で探究ユニットの積極的な参加者です。様々なストーリーを伝え合うことで、子どもたちが自分のストーリーと他の人のストーリーを結びつけ、自分自身についての理解を深めながら変化し、成長していけることを保育者は願っています。

考えていくための問いは、次のようなものです。

・あなたのストーリーはどんなもの？
・ここで何が起こっている？
・もう少し、このことについて話してくれる？

ストーリー

　私たちは、絵を描くことが子どもたちにとって考えるための手段になっていると考えています。子どもたちは、それぞれのやり方や速さで表現し、描き、伝える能力や方略を成長させています。自分自身や自分の世界の意味を理解しようと、様々なものを表現します。そのために描くことを利用しているのです。

　探究は、社会情動的な性格や、人はどうやって互いを理解するようになるのか、どうやってずっと続く関係を築くのかといったことに足を踏み入れます。そして、それらを描くことを通して探究していきたいと考えています。描くことは、子どもたちが自分の考えを深めたり洗練させるための非言語コミュニケーションです。絵を通して、子どもたちの考えや学びがどのように進んだのか、その軌跡を楽しんでください。子どもたちは、絵を通して「会話のブリコラージュ」を生み出し、他の子どもたちと関係やつながりをつくっていきます（子どもの名前は仮名です）。

自由に描いた絵

　何でも好きなものを描いていいとしたら、子どもたちは何を描くでしょうか。これから紹介するストーリーには、子どもたちが経験している出来事の中でも、とくに心に残っていることが表れています。

マリナの絵

　マリナは家族に深い愛情をもっています。彼女は家族の絵を描くのが好きです。この時は、「おとうさんは、おしごとにいかなくちゃいけないの」と言っていました。彼女の母親はこの絵を見て、「やっぱり、彼女はとてもこういうことを感じてるんだわ」と言いました。なぜなら、日本に来てから父親がいつも仕事で忙しく、出張も多く、アメリカに住んでいた時よりも家で顔を合わせる時間が少ないのだそうです。だから、「絵を通して、こういうことを言ってるんですね」と母親は話してくれました。彼女は園ではいつも陽気で、友だちや保育者と愛情いっぱいに接しています。絵は私たちが何気なく見過ごして

いたり、気づかないでいる子どもの内側にある感情を明らかにしてくれるのかもしれません。

２枚目の絵では、自分が遊ぶ時は必ず母親と遊び、父親は会社に行くということが表現されています。これが彼女のストーリーで、彼女が思っていることです。心に秘めてある大切な出来事や思いが、絵を通して素直に出てきます。絵を通して、私たち保育者もその子のことをよりよく知り、さらに理解できます。会話もよりつながります。保育者はいろいろなつながりをつくりながら、子どもとの関係をつくっていきますが、絵を通してもつながりはできていきます。

保育者は、絵についてはいつも、「この絵について何か話したいことある？」と子どもにたずね、「これは何？」とはたずねません。「この絵について何か話したいことある？」と問いかけると、子どもはその子のストーリーを話してくれます。

これらの絵は、ポートフォリオに入れて面談の時に保護者にも見せます。絵を見た彼女の母親が「やっぱり、こういうことを感じてるんだわ」と日頃のことを話してくれることで、保育者もより彼女を理解できるようになるのです。

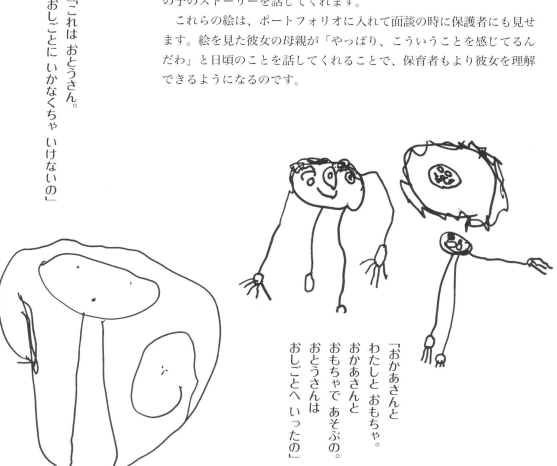

「これは おとうさん。おしごとに いかなくちゃ いけないの」

「おかあさんと わたしと おもちゃ。おかあさんと おもちゃで あそぶの。おとうさんは おしごとへ いったの」

ミシェルの絵

　子どもは、自分のことをどのように捉えているのでしょうか。ミシェルは器用で運動神経がよく、男の子たちとの遊びを楽しんでいる女の子です。しかし、彼女の絵を観察すると、自分をプリンセスとして描いています。ミシェルはとてもおてんばで、いつもジーパンをはき、兄の影響で自分のことを「ぼく」と呼んでいるのですが、絵にはプリンセスを描いているのです。そこで、別の探究（探究3「はじめての作品展」での「私たちはどのように自分を表現するのか」）でミシェルにどのような素材を提供するかを保育者同士で話し合った時、キラキラした宝石を提供しようということになりました。

　子どもたちが日常で何気なく描いた絵には、子どもたちを深く理解するヒントがあります。その子どもの大切にしているものを理解して、より成長したり、保育者が歩み寄って共有するにはどうしたらいのだろうという思いが、保育の基礎の基礎になっていると考えます。よって、「この探究ではこう」「絵ではこう」と活動を分けずに、子ども理解を深めていきます。長期的な探究だけではなく、絵のように日々のささやかな活動での子どもの理解が、別の探究にもつながっているのです。

　子どもたちは、たえずいろいろなヒントを落としています。それを全部拾ったら大変だとは思いますが、それを拾った時にはとても大切にしたいものです。絵には、そういうヒントがたくさんあるのです。

「ラプンツェル、かみのけ、プリンセスごっこ」

タロウの絵

　1年がはじまった当初、タロウの世界は忍者タートルズを中心に回っていました。タロウにとって、善者とは自分と同じようなことに興味をもっていて、悪者とは反対のチームに入っている人でした。

　タロウは仲間という意識をとても強くもち、描く絵は「こちら側が仲間」「あちら側が敵」と二分されていました。そして、それが遊びにもつながっていたので、タロウの内的世界がそういう状態だったのだと思います。タロウは朝、登園して来ると、ホワイトボードにこのような絵を描いていました。これが彼の世界で、彼のストーリーだったのです。園に来るとまずこういう絵を描き、さらに遊ぶ時もその二分された世界で遊ぶことが、しばらく続きました。保育者は1年を通して、その壁をいかに壊していくかを考えていました。

　インターナショナルスクールならではの仕組みかもしれませんが、タロウは4歳児クラスから入園してきたので、1年だけしかELCに在籍していませんでした。そういう状況もあり、英語で会話ができないので、どうしても日本語を話せる子どもたち同士で集まってしまっていました。そこで、昼食時には各自がそれぞれ違うテーブルに座る機会をつくったり、日本語を話せない友だちと2人でペアになって自分の好きな食べ物と相手の好きな食べ物を交換したりというように、保育者は交流の機会をつくっていきました。そして、私たちはみんな仲間なんだ、1つのグループなんだということを朝のミーティングで話したり、みんなで輪になって話したりしました。そして、1年の最後の最後でようやく一体感が生まれてきました。

　数か月が経ち、タロウはスーパーヒーローに対立する者として、実在の友だちを描きはじめました。

「こっちがなかま」

少しずつですが、善者と悪者に二分された世界を壊すことができてきたと思いました。タロウの２枚の絵で、タロウの変化がわかると思います。

　これらの自由に描いた絵は、週に２回ある小グループの時間や、子どもたちが登園してきて子どもたち同士で遊んでいるときに一緒に描いたものです。ELCでは、絵を描くための決められた時間はありません。レッジョの哲学に基づいて、環境が第３の教師だと考え、紙も鉛筆もペンもすぐにアクセスでき、描く場所もスペースもあり、そこで子どもが自由に絵を描くのです。

「ミシェルとクリスをかいたよ。これは、ぼくのたんじょうびのケーキ。このながいからだをしているのが、ぼく。これはルカ。これが、ELCでやったぼくのたんじょうび」

テーマに基づいて描いた絵

　子どもたちが自然発生的に描いた絵の他にも、「お休みの思い出を何か描いてもらえる？」と保育者が問いかけるように、こちらがテーマをあげて子どもが絵を描くこともあります。長い休みの後に、子どもたちはどんなことを覚えていて、どんなことが自分にとって大切だったのかと考え、質問してみました。

春休みについての絵

　ティーナは、春休みの後にこの絵を描きました。彼女は自然が好きです。だから、「私たちはどのように自分を表現するのか」の探究（探究３「はじめての作品展」）でも、とても素朴な石を素材にしたのです。日々の子どもたちの遊びの中での観察と、このように「何か描いて」とテーマを与えられて描く絵のすべてがつながり、その子らしさというものがわかってきます。

ティーナ「さくらを つかまえてるの。
さくらが ひらひら、
いっぱい ひらひら、
くるくるまわる。
さくらが もっといっぱい。
チャン（大好きなおば）」

自画像

　レッジョの哲学では、子どもたちは自画像をよく描き、ELCでも度々テーマにします。自分を見つめて、自分をどういうふうに見るかというのはとても大切です。子どもの方が大人よりも自分を鏡で見ているのかもしれません。

　自画像を描くことには、自分がどういうふうに映るかを知るということに加えて、もっと自分をじっくり見るというねらいもあります。普通に顔を描くと、目をちょんちょん、鼻を点と描きがちですが、じっくり鏡を見て描くと、耳をはじめて描いたり、髪の毛はどうやって描くのかなというように、もっと細かいことが見えてくると思います。

ノブユキ「これはノブユキ。
ぼく、はさみをつかうのがすき」

ティーナ「これはティーナ。ティーナはすっごく
おおきい！ママへのてがみをもってるの」

抽象的な概念について描いた絵

ある雨の日、保育者はミーティングの時に、「雨ってどこから来るのかしら？」と子どもたちに問いかけました。すると、子どもたちがいろいろなことを言ったので、「じゃ、それを描いてみてくれる？」と言ってみました。自分たちのアイデアを、絵ということばで表してほしいと思ったのです。

マーサ「これ、ぜんぶ あめ」

また、もうすぐはじめての作品展をするという時、YISの小学校の校長がやってきて、「もうすぐ作品展ね。じゃあ、この作品展をツイッターに載せるわ。みんなに知らせましょう」と言いました。それを聞いて、私が「それは、どうやって世界に届くのかしら？私たちの作品展は、どうやってみんなにわかるようになるのかしら？」と質問をしました。すると、子どもたちはことばで口々に答えました。そこで「それも絵にしてみてくれる？」と言うと、いろいろと描いてくれました。

アン「わからない。だから、こんなにいっぱいクエスチョンマークをかいたのよ」

まとめ

絵を描くことは、子どもたちの「100のことば」の1つだと私たち保育者は考えます。子どもにはことばで言えないこともあるので、絵を通して、どういうことを考えているのかを知りたいと思っています。

子どもたちが絵を通して自分の考えや思いを語ることができるように、絵を描く時の雰囲気づくりにはとても気を配っています。小グループで、誰をどのグループに入れるかを考えます。小グループをつくる時には、保育者は意図をもってグループをつくるので、どのようなグループにするかが大事になってきます。仲のよい友だち同士はたえず一緒にいるので、小グループではいつもとは違う仲間にします。友だちが何を描いてるかなと気になっても、「友だちはあっちの方にいるから、じゃあいいや、自分に集中しよう」と思うのです。同じテーマで描く場合でも、保育者が4人いるので、子どもたちを4グループに分けて別々の部屋で描きます。小グループだと、終わった後に一人ひとり個別に「何か話したいことある？」とたずねられます。そして、部屋の中にいる人数が少ないと、空気がまったく違います。静かで、落ち着いていて、集中ができます。

さらに、保育者は子どもが何を描いても、それを受け止める雰囲気や文化をつくることを心がけています。保育者は子どもたちの絵を「大好き」といつも言っているので、子どもたちは自分の絵を誇りに思い、さっさと描くようなことはしません。もちろんそうする子もいますが、もしそうしたら保育者が「もうちょっと時間をかけられるんじゃない？」と声をかけます。私たちは絵を描くことを通して、「私たちは誰なのか」という概念や、「私たちはどのように自分を表現するのか」という概念を探究しています。

訳者解説

「絵が語ること」は、「私たちは誰なのか」の探究という点では、探究1の「公園との対話」と同じユニットです。しかし、1年間の長期的な大きいプロジェクトというよりは、日々のささやかな保育の中で子どもたちが描いた絵を集めたものです。

自由に描いた絵

自由に描いた絵は、子どもが園に来てホワイトボードに描いたり、保育環境の中に用意している紙と鉛筆を手に取って描いたりする絵を集めたものです。誰に促される訳でもなく、子どもが描きたくて描いた絵なので、子どもが考えていることや感じていること、その時の状態が表れているようです。保育者はその絵を集め、その子の内的なストーリーを知る手立てとしています。たとえば、子どもが父親が仕事で家にいないことをさみしく思っていることや、いつもは元気いっぱいで活発な女の子がお姫さまが好きであることを知ったりと、絵を通して保育者は「この子はやっぱりこんなふうに思っていたのだ」と確信をもつ時と、「この子にはこんな面があったのだ」と新たな一面を発見する時があるようです。

このように、子どもが自由に描いた絵を通して、保育者は子ども理解を深めています。たとえば、ミシェルのお姫さまの絵をヒントに「私たちはどのように自分を表現するのか」の探究でキラキラした宝石のような石を素材として選んだり、善悪の二分されたタロウの内的世界を壊すために昼食の時間のグループ分けをしたりというように、絵を通した子ども理解が日々の遊びや活動、生活での保育者としての判断を支えています。タロウの絵に善人と悪人の他に、園で会う友だちが出てきたように、1枚の絵だけでなく数枚の絵を並べて見ることで、保育者が関わりを重ねるにつれて、子どもの内面世界が変化し、育っていく過程も見ることができます。

テーマに基づいて描いた絵

子どもが自由に描いた絵以外に、保育者からテーマを投げかけることもあります。そのテーマは、保育者が話し合って決めるようです。たとえば、長期の休みが明け、久しぶりに子どもたちがELCに登園した時には、子どもたちは口々に休みに何をしたかを話しますが、全員が話す訳ではありません。それに、英語が母語でない子どもにとっては、ことばでなめらかに話すことが難しい場合もあります。そこで、「休みの間の出来事で思い出に残っていることはある？」と投げかけて、誰もが発言できるように、絵を通して語ってもらうそうです。一度、絵という視覚的な「ことば」で表現した子どもたちは、難なく語ることができるようです。

抽象的な概念について描いた絵

また、保育者は「雨はどこから来るのかしら？」「作品展の情報が、どうやってツイッターで世界の人に届くのかしら？」という抽象的な問いかけをすることもあります。子どもは自分なりの理論を絵に表します。保育者は、子どもの内的なストーリーを表現する手立てとして絵を捉えていますが、その時のストーリーとは自分の経験や生活に根差したものばかりではなく、空想性、合理性、再現性、分析性をふくみ込んだものでもあるようです。絵は、子どもの考えていることや感じていることを知るためのパワフルな手立てであり、ELCの子ども理解を支え、日々の生活、活動、遊び、プロジェクトを動かすものであることがわかります。

Inquiry
探究
5

The RAINBOW ZOO
虹の動物園

学際的テーマ	重要概念と関連する問い	探究の道筋（重要概念）	中心的アイデア
私たちはどのように自分を表現するのか	私たちはどうやって考え・感情・自然・文化・信念・価値観を発見し表現するのか。私たちはどうやって自分の創造性について考え、それを発展させ、楽しむのか。私たちの美の鑑賞について	・人はどのように物語を共有するのか（機能） ・物語への感情的な反応（関連性） ・自分の物語を創造し表現する（機能）	物語は様々な方法で伝えることができる

Courtesy of Yokohama International School. All rights reserved.

理論と実践の両輪　153

はじまり

> 「想像力はものごとの可能性を超える、心の力である」
> (Stevens, W., 1951, p.136)

　想像力を軽視することは子どもたちの世界を貧しくし、抱く希望を狭めてしまうことになります。私たちは毎日、物語の世界がどれほど子どもたちの想像力をはじけさせ、生活の中で子どもたちや語り手が演じる役がどれほど大きな意味をもっているか、そして子どもたちがどれほど創造性と想像力を自然に発揮して物語を語るかを観察しています。

> 「変装あそびは、その象徴的な意味は別にして、そこから生まれるグロテスクな効果によって、つねにおもしろい。それは演劇である。つまり、他人の状態にわが身をおくことであり、当事者になることであり、ひとつの生命をつくり出すことであり、新しい所作を発見することである」
> (G. ロダーリ, 1978, p.49)

　子どもたちが演じる物語は、子どもたちがどのように自分たちの世界の意味をつかんでいるか、どのような知識を使って経験に意味づけをしているか、そして子どもたちが尽きることのない希望や可能性をつくり出し、書き替え、何度も演じることができるということを教えてくれます。
　ナットブラウンは、幼児期の子どもたちの思考や感情の発達において、物語ることがいかに重要かを思い出させてくれます。

> 「物語とは人間にとって根本的な経験であり、乳幼児期に経験した物語は子どもたちの思考を広げ、新しい知識をもつことを促し、子どもたちの感情を確かめるものになる」
> (1999, p.112)

　「私たちはどのように自分を表現するのか（How we express ourselves）」という探究のため、発表会に向けての物語をつくりはじめ、どんな発表会にしたいか、一緒にアイデアを出し合いました。

エリーグレース	「3さいじクラスのとき、それを したことあるよ」
ニーナ	「バレエショーを したよ。そのとき、ママがきたの」
ニッキー	「それ、おぼえてる。ぼく、そのとき おうさまだった。5さいだった。ちがう、まちがえた、4さいだ。まほうつかいが3にんいた。それで、このけいかくをたてて、ニッキーおうじになりたいっていったんだ」
スカイ	「みんなで、あついのり（グルーガン）をつかって、いえをつくったね。もけいみたいだって、いわれたよ」
ジャクソン	「ぼくだ！それ、ぼくだよ！」
ニーナ	「みんなのママとパパのためだったんだよね」
スカイ	「それ、おぼえてる」
ニーナ	「もし、きょねんとおなじことをしないなら……」

物語とアイデア

私たち保育者は、どうすれば発表会に向けて物語をつくることができるかを子どもたちにたずねます。子どもたちは、物語について本当にたくさんのアイデアをもち、興奮して提案を行っていきます。以下は、子どもたちの考えです。

エリーグレース	「ジャクソンは、わたしと おなじかんがえだと おもう。どうぶつえんをして、キツネとかホッキョクグマとか、どうぶつを ぜんぶ なかにいれるの。だれか、わたしたちといっしょに やってくれる ひと いるかな」
カイ	「スーパーマン」
マリ	「いや」
ミワ	「バービーの おはなし。アメリアのかんがえが いいとおもう」
ハナ	「わたしは いや」
モニカ	「おしろにいるシンデレラ」
リュウ	「ぼくは、エリーグレースのかんがえが いいとおもう」
ニッキー	「ドラゴンのおうさまが けんをもってて、ドラゴンのきしも いるんだ。それで、おうさまを きるんだ、キン、キン、キンって」

理論と実践の両輪

ヘンリー	「ニンジャ・ゴー（忍者が出てくるゲームの名前）がいいよ。ぜんぶのしゅるいの にんじゃがいるんだ。あお、くろ、きん、みどり、ウーせんせいとか」
マリー	「にんじゃ」
ニーナ	「バービーのおはなしが いいな。しまにすんでいる おんなのこがいて、たくさんのどうぶつとか イルカがいるの」
アメリア	「バービーひめと ふたりのおひめさまがいるの、サラとアネリーズひめ」
ジャクソン	「インクレディブル。ヒーローがでてくるやつ」

　これらの物語のアイデアは、本や映画、テレビ、自分の経験してきたことや他の人の経験してきたことから出てきているものだと思います。子どもたちは、自分たちの力で自信をもって、物語の形式と豊かなレパートリーを利用できることを示しています。子どもたちは、これらの物語の出来事の中で、自発的に作者、役者、観客になります。

アメリア	「おはなしを、いま、えにかけるかな？」

　ここで1人の子が提案したように、子どもたちは物語を絵に描くことを好みます。描くことは子どもたちの考えを明確にし、アイデアを他の子どもに伝えることを助け、物語について様々な提案をし続けます。

そして、物語を語ることについて知っていることを見せてくれます。ガスンペイリーは、次のようにいっています。

「子どもたちは物語を語ること、物語を演じること、物語を聴くこと、物語を膨らませることへの自然な欲求をもっている」

(Gussin-Paley, V., 1990, p.110)

　子どもたちは、年齢的にかなり早い時期から物語の世界に入り込みます。私たち保育者は、子どもたちが物語ることの楽しさを感じてくれるようにと願っています。そして、私たちは常にすばらしい物語を語る人たちに畏れを抱きますが、中でも子どもたちはもっとも偉大な物語の語り手です。子どもたちは物語を語る時、自信に満ち溢れ、冒険的で、登場人物や舞台、あらすじをつくり出すことができます。この時には本当にたくさんのアイデアが出されたので、子どもたち全員にとって特別な意味をもつ物語を1つだけつくることはできないのではないかと思うほどでした。

物語づくり

　子どもたちは、何が正しく公平なことなのか、また誰もが物語をつくるために貢献できること、互いの声に耳を傾けなければならないということに十分に気づいています。以前に経験したことと自分たちの物語、そして物語の中に含まれる関係性との間に、美しいつながりをたくさん見出しました。やがて、何度も話し合いをした末、子どもたちは動物園についての1つのアイデアに引き寄せられていきます。

エリーグレース	「どうぶつえんで なくちゃ！」
リュウ	「イヌ、ネコ、ライオン、あとなにがいい？」
ニーナ	「クジャクもいるよ」
エリーグレース	「よるからはじまる どうぶつえんにしよう」

　この動物園のアイデアによって、子どもたちの興奮は火がついたように各々に伝わり、わくわくしながら動物園にいる動物を描いていき

ます。絵を描くにつれ、物語のあらすじに関するアイデアをさらに出し、積み重ねていきます。

エリーグレース	「わたしのは こんなかんじだよ。ブーブーっていって、どろに ねころがってるの」
ニッキー	「おひるごはんをたべて、さくから にげだしてるんだ。それを、ひとが おいかけてる」
リュウ	「ウサギは、すごくたかくジャンプして にげだす」
ヘンリー	「トラが、ウサギを おいかけてるところ」
カイ	「チーターが、ウサギを おいかけてるところ」
アメリア	「サイは おとこのこを おいかけて、おとこのこを ツノでつくの」
エリーグレース	「トラに、みているひとを おいかけるんだよ」
ニーナ	「トラは しのびあしで ちかづいて、ひとを まるのみに しちゃうんだよ」
ニッキー	「ちっちゃなイルカ。チーターもいるんだ」
リュウ	「とりは とてもたかくとべるから、おりから にげだせるんだよ。サイがきたら、おりをこわして、なかにいる とりをたべちゃうんだ」

何度も話し合いが行われ、物語はどんどん洗練されていきます。

リュウ	「よる。どうぶつたちは、ねむっている。そして、はれたひ。どうぶつたちは、そとであそぶ。それで、トラははやい。おにごっこ。ゾウはみずあび。サルはきのぼり。ウサギはもういっかいジャンプ。もういっかいよる。ダンス。パーティ。ぜんぶのどうぶつ」
ニッキー	「どうぶつえんにひとがきて、こういうの。『ペットをかいたいな』って」
ニーナ	「イヌかネコがいいな」
ニッキー	「それか、ウサちゃん」
リュウ	「ブタのあかちゃん」
エリーグレース	「おせわをするのは かんたんじゃないんだよ、みんなどうぶつえんに もどらなくちゃ。だって、ちょっと それはざんねんでしょ。せっかくひとがきたのに、かいたいどうぶつが いなかったら」

ニッキー	「チーターは とってもはやいから、いえをこわすとおもう。ゾウはむりだよね。ゾウはおおきすぎて、いえをこわしちゃう」
ニーナ	「ものがたりのさいごに、ゾウのぬいぐるみを かったらいいよ。そしたら、どんなペットでもかえるもん」
アメリア	「サルは わんぱくすぎる。ウサギもとびはねて、いえをこわしちゃう」
ニッキー	「ジャンプして こわしちゃうよ。ピョンピョンって……」
ニーナ	「そしたら、どんなどうぶつでも かうことができるよ。だって、ほんものは いないから」
ミワ	「さいごは、みんな いつまでも しあわせにくらしましたとさ。パーティをするから、みんなたのしいの」
アメリア	「きたひとが みんないなくなったから、わたしたち どうぶつはしあわせになって、パーティをするの。それで、『お・し・ま・い』っていうの」

アイデアから実物へ

登場人物と衣装	
ニッキー	「ふくを きなくちゃ。いしょうを つくらないとね」
ニーナ	「きょねん、アンガスがつくったみたいな ふくがいい。はっぴょうかいのときに、きれいなふくとか、かっこいいふくを もってくればいいよ。そしたら、オシャレできるし」
ハナ	「ふくをつくることもできるし、ピアッツァから ふくをとってくることもできるよ。そのふくをきるの。ふくをきたら、わたしたちとってもハンサムですてきにみえるよ」
ヘンリー	「ふくを つくれるとは おもえない。どうやって、とめたり、かおとかいろんなものを つくるの？」

　子どもたちは目を閉じて、頭の中にイメージをつくり出し、物語の中の登場人物の光景、におい、音を想像します。子どもたちがどの登

場人物になりたいかを決める時、物語は生き生きと息づいてきます。

マリー、ジャクソン、カイは発表会でキリンになることにしました。子どもたちはキリンについて自分たちがたくさん知っているということに気づき、熱心にアイデアを共有します。考えを交わし話し合うことを通して、子どもたちは互いから学んだり、自分の考えをはっきりさせていくことができます。保育者は、登場人物のイメージを絵に描いてみようと誘いました。

衣装をつくるのは挑戦的な作業です。しかし、子どもたちは「100のことば」を使って描き、互いに助けを求めたり、認め合ったりしながら、自分たちのもっている様々な知恵や工夫、閃き、発想などを駆使して課題に向かいます。

キリンで大事なこと	マリー	「えさとか、みずとかを、あげなくちゃいけないよ。ドアをあけたらダメ。もし、えさがなくなったら、もっと えさをあげなくちゃいけない。ドアにかぎをかけないとダメだよ」
	ミワ	「どうぶつえんが しまるときには、ドアにかぎをかければ、だれもはいれないから、どうぶつたちはあんぜんだよ」
	カイ	「ちょっとだけ ふといくび。あしはおおきくて4つある。みみは、とってもちいさいんだよ」
	ジャクソン	「ながいくびで、てんてん（斑点）があって、かみのけがあったら、キリンにみえてくるよ。ぼくのはてんてんがある。とってもたのしそうなキリン。これは、ぼくのふくだよ。ぼくはキリンなんだ。みどりいろで、カイのはみどりで、マリーのはピンク。ぼくのはみどり。よし、できた」
	マリー	「いちどだけ、キリンをみたことがある。ピンクのキリンで、とてもしあせそうだった。とってもほそかったよ。とうもろこしとか、えさをたべてた。とうもろこしがすきだったみたい。まつげが、したにむかってはえてた。ながいくびをしてたよ。あしはかわいかった。おとうさんキリンは きいろだったよ」

Theory and Practice in Unison

モルモットで大事なこと

エリーグレース	「モルモットには、ニンジンをあげなきゃいけない。みずもいるよ。かごにいれて、にげださないようにしなきゃ」
ミワ	「いっかい、ほんもののモルモットを みたことあるよ。ちいさくて、ネズミみたいだった。しっぽはない。ネズミみたいなかんじ。どうぶつえんの ふれあいコーナーのモルモットだったかな。かごはいるけど、モルモットはじぶんたちで でるから、かぎは しめなくてもいいの。モルモットが しんでないかを たしかめて。みずも あげないとね」
エリーグレース	「わたしは、にじいろのモルモットになるの。みて、このにじいろ。みみをつくるわ。きか ダンボールはどうかしら。いえに、ふわふわした ウサギのみみが あるの。それか、はねをつかって、つくることもできるね。フェイスペイントは、ピンク、きいろ、あお。わたし、こんなかんじのモルモットをかってるの。わたしはきれいになりたいから、にじいろなの」

王女さまで大事なこと

ミワ	「おうじょさまは かんむりをつけていて、とくべつな いすがあるの。むらさきのドレス。いや、ちがう。それは、まじょがきるやつ。だから、きいろいドレス。いや、ちがう。ピンクのドレス。かんむり、ほうせき」
エリーグレース	「わたしは、あかいろの おうじょさまを みたの。あかいかんむりを していたの。ダイヤモンドのネックレス。そして、すそに しろいふわふわしたものがついた あかいドレス。おうじょさまのドレスは、つまさきまであるの。くつも あかいろなの。おうじょさまは、ぜんぶあか」

理論と実践の両輪

ミワ	「ドレスはピンク。ダイヤモンドのかんむり。ダイヤモンドがついた、ながいドレス。おはな。くも。そら。こんなドレスをつくったら、おうじょさまにみえるわ」
ニーナ	「おうじょさまは、ドレスと かんむりがなくちゃだめ。それがないと、おうじょさまにみえない。ダイヤモンドをつけてなくちゃだめ。ドレスのまんなかに、キラキラしたダイヤモンドがあるの。ドレスにグリッター（キラキラした装飾品）があるの。かんむり。かんむりのうえには、ダイヤモンドをつけて、グリッターをかざるの」

とっても大切な虹

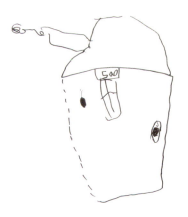 

ニッキー	「どうぶつえんの ゲート（門）がいるね」
ニーナ	「どうやって、どうぶつえんの かんばんを かける？ドアには、おけないよね。うえに、うえに、うえに、たかく」
アメリア	「ぼうをとってきて、それでかんばんを つくればいいよ。それから、ドアはここにしよう」

子どもたちは、どうやってゲートの看板をつくるかについて、よく考えます。材料は金属か木の枝、ダンボールにすべきか、あれこれと考えています。それからゲートの大きさはどうするか、歩いて通れるくらいの大きさが必要などと相談しています。

ニッキー	「いえづくりのときにつかった、じょうぶなテープがいるね。こわれないように」
ニーナ	「ベルがいるよ。そしたら、もしわるいひとがきても、いれないよって いえるから。あなからのぞいて、みはらなくちゃ いけない。まじょが いたずらするかもしれないもん、だからきをつけなくちゃ。ドアノブをかいて、それをハサミできらなくちゃ」
エリーグレース	「このせんは、きらなくちゃいけないところ。ちゃんとあけないといけない。このドアは、そとにでるときにつかうドアだよ。どうぶつえんって、かかなくちゃいけないの」

　子どもたちは協力して作業を行い、動物園の入口となる大きなゲートをつくりました。

アメリア	「これは、たけのぼうだよ。どうやって、つくったかって？カーペットに、ぼうをおいたの。ひとつはむこうに、もうひとつはここで、もうひとつはいちばんうえに。あのひもでしばって、ぼうをコーンにいれたの。これは、グラグラするから、さわらないでね」
ニーナ	「どうやって、てっぺんにかみをおいて、どうぶつえんのかんばんをのせるの？ひもをいれるあなをあけて、つりさげられるよ」
ニッキー	「テープを、まわりにくっつけようよ」
アメリア	「それとドア、ぬのがいいかなって。もっと、ぬのをゲートのうえにのせたら、にじのようになるんじゃないかな」

理論と実践の両輪

どういう訳か、不思議と虹はどの子どもたちにとっても魅惑的で、美しく、常に愛されています。そこで、子どもたちは動物園の名前を「虹の動物園（The Rainbow Zoo）」に決めました。

エリーグレース	「にじのどうぶつえん。だから、ゲートのいろを にじいろにして、オリにいろをぬるの」
ニッキー	「ぜんぶちがう いろにしよう」
ハナ	「ぜんぶちがう いろにしたら、もっとかわいくて、もっとすてきになるもんね」
エリーグレース	「いろを いっしょにしたから、にじが おもいうかんだの」

アイデアから実物へ

　私たちは2階のホール（発表会の会場）に移ります。そこで、どのようにして物語を1つにするかを考えたり、意見を言い合ったり、質問し合ったりします。学びのプロセスは、考えを比較したり、ともに参加することで進んでいくのです。

保育者	「どうやってお話を伝える？」

　これは保育者が投げかけたとても重要な質問で、グループ全体で探究すべきものです。このような形で、子どもたちは互いに学ぶことができます。

ニーナ	「『むかし むかし あるところに、どうぶつえんが ありました』って、マイクでいうの」
エリーグレース	「ショーみたいに。みんなカーテンから でてきて、『おまたせしました、どうぶつえんの ものがたりの はじまりです』っていうの。

	それで、『とうじょうじんぶつは こちらです！』って。ほんものの マイクがいるね」
ニーナ	「ここ（ステージ）を かくさないといけないね。それか、でんきを けすか。そしたら、むこうからは みえないよね」
ヘンリー	「ほしと つきは どう？」
エリーグレース	「ブログに しゃしんがあった。しゃしんが いるよ」
ニーナ	「プロジェクタとコンピュータで」
スカイ	「つきの かたちは、うえのほうに」
エリーグレース	「すごくワクワクする！」
ニーナ	「くまさんのぬいぐるみのために、ちいさなバッグも３つ」
モニカ	「わたしは ユニコーンを もってるよ」
スカイ	「ぼくは ちいさいいぬを もってる」
ニッキー	「ぼくは カラスを もってる」
ミワ	「ダンスは？」
スカイ	「CD プレーヤーを つかえるよ」
エリーグレース	「ロックのきょく、ロックギターの」
スカイ	「ぼくのパパは ギターをもってて、とてもじょうずに ひけるんだ」
ミワ	「どうやって、きれいなきょくを えらぶ？」
ニーナ	「あと、はでな ライトが いるね」

カイ	「ぜんぶしめて、くらく しよう」
エリーグレース	「ディスコのライト」
ニーナ	「はじめは まっくら。そこへ ディスコのライトが つくの」
リュウ	「にじいろのライトにしたい。ずっと」
スカイ	「パーティをするディスコは、すてきにしないとね」

　このように会話が続き、一致した考えに至りました。エリーグレースは、物語の語り手になります。子どもたちは動物園の店に置く動物のぬいぐるみを持ってくることになりました。夜のデザインはスクリーンに写すため、タブレット端末でつくったものを使います。カラフルなライトとダンスをするためのパーティミュージックもかけることになりました。

リハーサル

ニーナ	「はっぴょうかいで、おはなしをみせたり、おはなしをやるために、いっぱい れんしゅうしなくちゃ。でも、こういう きれいないろのライトがいるよ。ピンクいろで、きょねん つかったようなやつ」

　子どもたちは物語をお披露目する準備が整っていることに満足しています。今日はドレスリハーサルで、YISの4年生の友だちが観に来ます。子どもたちはようやく物語をお披露目できることや衣装を着ら

　れることにとても興奮しています。照明を使うこともはじめてです。そして、子どもたちは照明が点くと一気にショーのような雰囲気になったので、驚いて感激しているようでした。

　観客は物語の質が高いことと、劇が互いに支え合い協力し合うような特色をもっていることに強く印象づけられました。

　練習を見て、保育者は子どもたちの協力し合う関係と、物語と感情的につながりあった関係の美しさに心を動かされました。子どもたちは誇りや喜び、達成感をもって演じ、このような協働的な経験に参加することで、ともに分かち合える感情がクラスの中に生まれました。

エリーグレース	「とっても きんちょうした。かおが あかくなってしろくなって、あかくなってしろくなった。いきが あがってさがって、あがってさがったの。いっしょうけんめい、いきをしようとしたの」
リュウ	「ぼくは、ほしがよかった」
ヘンリー	「とっても きんちょうした」
スカイ	「にじのライトをみた。スクリーンにうつってるライトをみたよ」
ミワ	「わたしはパーティミュージックが すき。ほんとうのパーティみたいな おともすき。さいこうだった」

　みんな、発表会の当日を楽しみにしています。

発表会

いよいよ発表会という日、子どもたちの中にはスリルや情熱、興奮がこみあがった雰囲気があり、家族に物語をお披露目したいという気持ちがみなぎっています。

　ステージには動物を囲っている虹の動物園のゲートが設置されています。エリーグレースが口火を切り、お客さんを迎えます。斑点のあるキリンやモルモット、美しい王女さまたち、素敵なユニコーン、フワフワの茶色い犬、元気なカラスたちが、物語を語る準備万端です。登場人物が紹介され、物語がはじまります。

　ELCの発表会で物語を発表する子どもたちに対して、保育者には意図がありました。発表会は探究「私たちはどのように自分を表現するのか」の集大成です。保育者は子どもたちが保護者に物語を発表できるよう、意見を1つにしながら自分たち独自の物語をつくり出すという複雑なプロセスを進め、共有するために協働しようと努力している子どもたちを支援してきました。このプロセスは、有意義な問題解決や振り返りの活動、コミュニケーションや共感、友だちとの関係が含まれた文脈の中で行われ、常に子どもたちの頭で考えたこと、手を動かして気づいたこと、様々な興味が伴っていました。

　子どもたちは物語をつくるプロセスに完全に没頭し、夢中になり、話し合いや理解を共有し、物語を発展させていきました。互いの考えや視点を聴き合うことで、少しずつ物語をつくっていく力は印象的でした。ここに、集団で取り組む学びの価値が見られます。

　ロダーリは、私たちに次のことを気づかせてくれます。

> 「民話の構造は―プロップにしたがえば―入門儀式の構造の再生であるばかりでなく、幼児期の経験構造の中にも何らかの形でくり返されている。それは、だれでも通らなければならない道につぎつぎと現われる任務と決闘、難題と失望の連続である。―（中略）― したがって民話の＜機能＞は、何らかの形で、子供が自分自身を見つめるのも役立っているはずである」
>
> (1978, pp.140–141)

　1年間を通して、子どもたちはそれぞれ違った能力や経験を織り合わせてきました。発表会はその1年間の収穫です。この取り組み

は、子どもたちが日常生活の状況の中で理解力を育み、多くのスキルを使う機会となりました。その多くのスキルは、コミュニケーション能力、言語能力、読み書き能力の育ちと結びつきながらも、決してそこに制限されるものではありませんでした。物語を聴き、つくり出す時、子どもたちは思考を刺激し、自分自身と自分が生きている世界についての認識に影響を及ぼす主体的なプロセスに身をゆだねます。子どもたちは登場人物になって物語に入り込み、他者になる経験をし、子どもたち自身が経験した状況や感情の中でその他者の身に起きたことを語りはじめます。自分たちの独自の物語をつくる機会は、子どもたちの自己認識や自尊心を高めます。物語を通して、私たちは自分自身と私たちが生きる世界について学ぶことになるのです。これらのすべての経験は、私たちが自分自身についてより深く学び、自身に起きたことの意味を探り、判断力を磨く助けとなりました。この経験によって、私たちは自分のものの見方を修正し、見え方について省察することができたのです。

　物語は人を楽しませたり、感動させたり、教えたり、思い出させたり、着想を与えたり、やる気を起こさせたり、挑戦させたりする力をもっています。物語なしにこの世界は成り立ちません。私たち保育者は、子どもたちがこれからも自分たちでつくり出したすばらしい物語の一部であり続けることを願っています。

訳者解説

保育者が「お話って何だろう？」という質問を子どもたちに投げかけたことによって、様々なアイデアが飛び出し、その中で動物園のアイデアが生まれ、それをお披露目したいという流れになったことが、この「虹の動物園」のはじまりでした。

子どもたちの発表会とELCの魅力

子どもたちが発表会に向けて、どのような物語で、どのような衣装で行うか、想像力をふくらませていきます。そして、それを子どもたちがことばや絵を通して表現し、伝えていくことによって、活発な議論へと発展していきます。このような議論が行われている中で、保育者が子どもたちとともに探究し、見守り、子どもたちがどのような学びを展開しているかなど、理論を交えながら、その成長過程を発信しています。ここでは、子どもたちが保護者に自分たちでつくった物語で自分を表現し、保護者に伝えることが最終的な目標となっています。

子どもたちにとって物語をつくることは、自分を表現することができる場であり、それを他者に見せることによって自信にもつながっていきます。また、他者と協力して物語をつくっていくことにより、コミュニケーション能力などの社会的スキルが培われていきます。このように、子どもたちの成長に非常に重要な役割を担っているのが物語であり、物語をつくっていく過程を見ることが重要であるといえます。ELCの保育者はもちろん、保護者もこのような過程が大切であることを把握し、そのような子どもの成長を見守る環境が整っていることもELCの魅力の1つであるといえます。

注目すべき点は、「どんな発表会にしたいか」ということについて話し合うことからはじまっているところです。日本の保育所や幼稚園で行われている発表会は、あらかじめ保育者によって定められた内容で、どのような発表会にするかが決められていることが多く見受けられます。もちろん、子どもたち自身で物語をつくっている園もありますが、そのほとんどが子どもの成長を見たいという目的で行われる大人のための発表会になってしまっているのではないでしょうか。

しかし、ELCでは「どんな発表会にしたいか」ということについて子どもたちが話し合っていくことで、「みんなのママとパパのためだったんだよね」ということばがあるように、発表会をする目的が子どもたちから出ています。つまり、大人のための発表会ではなく、子どもたちから発表会をする意味が見出され、やりたいという気持ちが湧きあがったうえで行われる子どもたちの発表会だといえます。

子どもの個性に応じた保育者の援助

そして、子どもたちは発表会に向けての具体的な話し合いをはじめ、子どもたちの中で繰り広げられている神秘的で幻想的な世界へと私たちを導いてくれます。

話し合いは活発に行われ、様々なアイデアが飛び交い、その中で皆がしたいことを選んでいきます。まさに協働的な学びをしているといえます。

保育所や幼稚園でこのような物語をつくる際、保育者が心配することの1つは、子どもたちの役が同じになってしまわないかであると思います。しかし、ELCの保育者は、登場人物が同じものになっても、それぞれに表現の仕方が異なっていることや、子どもの頃の生活によってどの登場人物が好きになるかが決まるということを認識しています。つまり、同じ登場人物になるからダメなのではなく、同じ登場人物になってもその中でそれぞれの子どもの個性があり、登場人物を決めていくことで物語がより現実味をおびてくるのです。そのような個性を見取り、現実味をおびていく過程を保護者に伝えていくことこそが重要であ

訳者解説

 ると思います。

　そして、よりリアルな世界を表現するために、子どもたちから衣装をつくりたいというアイデアが生まれ、自分たちが創造したイメージをより具体化するために目を閉じて、じっくり考えています。このように、じっくりと衣装づくりに取り組むことによって、子どもたちの作品はより細かく、よりリアルになっていきます。このようにリアルなものにしていくという過程には、様々な工夫がされ、子どもたちにとって様々な学びとなります。

　そして、このようなドキュメンテーションから、子どもたちのアイデアを実物へと表現していくヒントを読み取ることができます。保育者は、子どもたち自身が発したコメントを提供し、互いに質問し合う環境を整えるために、ホールへと移動しています。さらに、アイデアをただ出し合うのみの話し合いではなく、他者との共通点や比較をすることができるように進めることによって、より深みが生まれていき、学びの活動となっていることが読み取れます。さらに、「どうやってお話を伝える？」という質問をすることによって、子どもたちはより深く学びはじめます。

　ニーナが「はでなライトがいるね」と述べていることからも、子どもたちは自分たちが創造した物語をより詳細に表現するため、ライト（照明）の色までにこだわっていることがわかります。日本の保育所や幼稚園では、物語を自分たちでつくっていくうえで、物語の構成や登場人物、背景などを作成することはありますが、このようなライトの色にこだわり、自分たちが創造した世界をよりリアルに表現しようとする場面は滅多に見られないと思います。

　ELCでは、日常で様々な美的感覚に触れ、様々な色を使用し、自分を表現するような美を追究する保育が行われています。また、子どもたちは自分たちで行うということに誇りをもっており、保育者からすべてを任されているという感覚が、ライトの色を工夫するという発想につながっているのではないでしょうか。

ドキュメンテーションの活用による幼児教育の発信

　アイデアを実物にしていく過程では、保育者の援助や様々な見取りが明らかとなっています。子ども中心ではありますが、保育者が絶妙な見取りと援助を行うことによって、子どもたちが生き生きとアイデアを出し、表現し、お話をつくっていく様子が見て取れました。

　このような実践が可能になるのも、保育に関わっているすべての人がともに学び、ともに子どもたちの成長を見守っている姿があることによるものだということはいうまでもありません。発表会でよい結果を出すためではなく、自分たちを表現し、その後、成長していくための発表会であり、成長過程であるという認識が共有されているのです。このような子どもたちの成長を見守り、子どもたちが輝ける場が提供されることによって、子どもたちはその場を生かすためにさらなる成長を見せていきます。

　そして、このような場の提供を可能にしているのがこのドキュメンテーションであり、ドキュメンテーションを通して子どもたちの成長を伝え、幼児教育を発信していくことを私たちは参考にしていくべきだと思います。ドキュメンテーションから、子どもたちの学びの過程を理解することができ、保護者をふくめた保育に関わる人全員でどのような援助が必要であるかを考えていくことが可能であるため、保育の質を高めていくうえでも優れたものであるといえます。時間的な余裕がないことや、金銭的に厳しいことから、こういった取り組みが難しいといわれることもありますが、自分たちができることからはじめ、ドキュメンテーションの重要性に気づきはじめると、自然にそういった声はなくなっていくと思います。これから、様々な保育所や幼稚園でドキュメンテーションが活用され、子どもたちの学びの過程が明らかとなり、保育の質が向上していくことを願っています。

Inquiry 探究 6 | EVERLASTING FRIENDSHIP
ずっと続く友情

学際的テーマ	重要概念と関連する問い	探究の道筋（重要概念）	中心的アイデア
私たちはどのような場所と時代にいるのか	場所と時間への適応、個人の歴史、家と旅、人類による発見・探検・移住、地球規模そして地域レベルの観点から見た個人と文明の関係性と相互的な関連性に関する探究。	・過去、現在、未来の類似点と違い（形） ・変化が起こる理由（形） ・変化についての気持ちや感情（変化）	変化は避けることができない、私たちの人生に影響を与えるもの

Courtesy of Yokohama International School. All rights reserved.

はじまり

この４歳児クラスの記録は、個人的な経験について思いをめぐらせたり、繊細に振り返ったりする子どもの力がいかに強いかを物語っています。子どもたちは、人生には数々の変化があることを知っています。保育者たちは、子どもたちが経験した変化について考えを交わした会話を記録しました。この会話から、保育者たちは変化という概念について、さらに学びを深められるように、いくつかの手立てを講じました。

これらの数々の変化は、過去、現在、未来が織り合わされたものでした。子どもたちと保育者は、いつまでも続く友情の思い出を形にするために、互いの感情や気持ちに耳を傾けました。ここに描かれた交流は、子どもたちがクラスの仲間との関係を何よりも大切にしていることを明らかにしています。ローリス・マラグッツィは、この理想的な形を次のようなことばで表しています。

> 「関係なくしては、人は決して存在しえないと私は信じています。生きるうえで、関係はなくてはならないものなのです。」
> （C. エドワーズ・L. ガンディーニ・G. フォアマン, 2001, p.446）

理論と実践の両輪

　まず、保育者と子どもたちは、これまで自分たちの身に起こった変化やこれから起こる変化について伝え合いました。子どもたちは、それぞれ皆が感情や家族をもち、心配事などもある生身の人間として、互いをもっと知りたいと思ったのでしょう。好奇心をもって互いの話に耳を傾けていました。子どもたちは本質を理解し、共感をもって観察しているようでした。

エリーグレース	「せんせい、そんな とおいところまで いくの？」
ヘンリー	「ちきゅうって、おおきい ほしなんだ！」
ミワ	「ほかのくにに いくには、ながいじかんが かかるよ」
リュウ	「ほんとうに とおいね。きっと、べつのことばを はなしてるんだろうね」
ニーナ	「かぞくといっしょで よかったね。おとうさんは？だんなさんもいくの？だんなさんも せんせいになるの？だったら、いっしょにいられるね」
エリーグレース	「きっと、わたしたちに あいたくなるよ」

変化についての考え

　子どもたちは、これまでに自分の身に起きた個人的な経験を詳しく語りました。時に、子どもたちの力ではどうにもならない出来事もありましたが、子どもたちはそれを受け入れ、つらいこととして語るのではなく、生き続けていく強さと未来への驚くほどの楽観的な姿勢を見せました。

ヘンリー	「おばあちゃんと わかれたとき、フレイヤが ないてた。ちょっと かなしかった。ミリーは でぐちのところにいて、キシーはぼくに いかないでっていった。ぼくは、ごめんって ずっといっていたんだけど、キシーは どいてくれなかった。にっぽんに ひっこしした、イングランドから。きょうは、おばあちゃんが いっちゃった。イングランドに かえったんだ」

アメリア	「わたしも へんかがあった。シアトルから にっぽんに ひっこしたの。おともだちに あいたい」
リュウ	「ぼくは にっぽんのがっこうにいってたけど、あんまりいいえいごのがっこうじゃなかったから、パパがいいところをえらんだ」
ニーナ	「さいしょ、あたらしいところにいくときは、はずかしいよね」
リュウ	「ここにくるとき、いやだなっておもった。いえに かえりたかった。がっこうは すきじゃない」
アメリア	「イングランドに 10 かくらいいったとき、おばあちゃんと おわかれしなくちゃいけなかった。さいごのひ、ひこうきにのらないといけなくて、わたしないたの。だって、おばあちゃんと おわかれしたくなかったんだもん。みんな ないていたの」
ハナ	「わたしは イザベラにあいたい、すごくあいたい」

　　　　　子どもたちは時間が流れること、成長して進級するということがどういうことなのかを、わかっているようでした。

リュウ	「ぼく、キンダーガーテン（5歳児就学準備クラス）が たのしみなんだ。3さいじクラスは4さいじクラスになるんだよね」
ニーナ	「つぎのがくねんに なるんだよね。ほんのちょっと あたらしいこどもたちが ふえるかもしれないね。もしかしたら あたらしいこどもはいなくて、わたしたちだけかもしれないけど」
エリーグレース	「わたしが4さいじクラスになったときは、ながいおやすみがあったよ。でもキンダーガーテンがどんなところなのか、わたしわからない。なんさいかで きまるのかな。このクラスには4さいのこもいれば、5さいのこもいるよね。そういうこは、キンダーガーテンにいけるんだよね」
ニーナ	「6さいのこは、つぎのがくねんに すすまなくちゃいけないんじゃないかな」
ニッキー	「ぼく、バンコクに5かんいくんだ。いったことがないから、いえをさがさないと。ぼくのたんじょうびがおわったら、ひっこすとおもう。むこうで あたらしいひとたちと あうんだ」
ニーナ	「キンダーガーテンにも、あたらしいひとが いるだろうね」
ニッキー	「ちょっと こわいね」

エリーグレース	「わたしが キンダーガーテンにいったら、ニッキーにも あえるよね。ニッキー、にっぽんにも かえってこられるよ」
ニッキー	「そんなことない。ぼくはバンコクにいくんだもん。おやすみのひの りょこうで いくんじゃないんだよ。ここにこられないのが さみしいよ。でも、ずっとバンコクにいるわけじゃないから、かえってこられるかな」
ハナ	「イザベラみたいに。イザベラは、あっちにずっといるんだもん」
ニッキー	「ぼくもむこうに ながくいるとはおもうけど、みんなにあいに かえってくるよ。むこうにずっといるとおもうけど、かえってきて、『やあ、ママはバンコクにずっといるっていったけど、かえってきたよ』っていうよ」
ハナ	「ニッキーは、てがみをくれなきゃだめだよ」
ニッキー	「みんなが、ぼくにてがみをかいてよ」
ハナ	「まず、ニッキーがわたしたちに てがみをかいて、それからわたしたちが へんじをするというのはどう？つぎは、わたしは ちゅうごくにいくの。まちきれない。それから、スウェーデンにいくの。だから、わたしには もうあえなくなるよ。ともだちとおわかれなんて、できない。ともだちもつれていきたい、じゃないと、ともだちが どうしているか わからないもん。あえないのが さみしい」

　子どもたちが、すでに別れた友だちやどこかに行ってしまった友だち、当時の友だちの話をしている時、保育者は驚くような感覚を経験しました。子どもたちの見方に耳を傾けていると、その強い感情や喜び、楽しみと同時に、保育者が思っている以上に、子どもたちは自分たちの世界の意味をつくり出すことに長けていて、関わり合い、内観する驚くべき才能をもっていると気づいたのです。

アメリア	「シアトルをでるとき、すごくかなしかった。2さいのときは、ほいくえんに いってたの。そこでおおきくなって、シアトルのELCに はいったの。ほいくえんや シアトルのともだちにあいたい」
マリー	「ハナ、あっちにいったら、わたしにいっぱい あいたくなる？」
ヘンリー	「むかしのともだちに あいたいな」

アメリア	「みて、わたしのなみだ。ともだちとおわかれしたくなかったの。わたしがいまないているのは、ともだちとわかれたくないからよ」
マリー	「ルーマニアにいるときは、おばあちゃんやともだちにあいたかった。なかないでね」

　子どもたちにとって幸せとは人生そのもので、それは家族といる時、遊んでいる時、友だちといる時のようです。子どもたちは互いに特別な好意をもち、ずっと忘れないでいたいと思っています。

ヘンリー	「おわかれするとき、さみしかった。ともだちのハリーとルイスと いっしょに あそんでたから」
リュウ	「ぼくのともだちはスカイだよ。スカイはせかいでいちばんつよくて、あしもはやいんだ。スカイは ぼくのいちばんのともだち。まいにち、いっしょにあそんだから」
マリ	「わたしは、やさしいともだちがすき」
ミカ	「わたしは、ともだちがすき」
カイ	「ぼくのむかしのがっこうと、もうひとつのむかしのがっこうと、このELC。ぼくのともだちは、いつもいいやつなんだ」
スカイ	「ぼくは どこにもいかない。ともだちのことが だいすきだよ。だって、ぼくといっしょにあそぶのがだいすきだから。リュウはそとであそぶとき、いつもついてきたんだ。ぼくのことがすきだから」
ハナ	「わたしは、ほんとうにかなしいの。ともだちにあえないと、さみしくなる。ともだちはたいせつ。いっしょにいるときは たのしい。ともだちとおわかれするときは たのしくない。わたしはちゅうごくにいくの。つぎはスウェーデン。もう、もどってこれないの」
マリー	「わたしも。ともだちがいないと さみしい。ニッキーとハナ、リュウ、カイ、クレアせんせいとメイせんせいがいないと。せんせいたちともあえないと、すごくさみしい。ユカせんせいやラーラせんせい、ブラウンせんせい、カンチェーミせんせい、ガーリックせんせい。ともだちにあえないと、すごくさみしい。なまえをわすれちゃう」
リュウ	「イザベラを わすれちゃだめだよ」
マリー	「ハナのなまえも。みんな、ともだちのなまえが きえていくんだよ。ハナもニッキーもわたしも、ともだちにあえないと さみしくなる。

	「ニッキーはちょっとしたら、もどってくるけど。ニッキーがいないと、さみしい。つみきであそぶときとか、えのぐやドレスみたいなきれいなものをみたときには、ハナにあいたくなる。わたしをたのしいきもちにしてくれたひとがいないと、さみしい」
ニッキー	「ぼくは、マリーとなにをしても、たのしかった」
ジャクソン	「あおい おとこのこと、みどりの おとこのこがいてね。ぼくたちはおやすみで、あおいこは ぼくとすべりだいをしたんd。みどりのこは いっしょにおよいだ。そのこたちに、ゆうじょうのブレスレットをもらったんだ。ぼくのことを、おぼえていられるように」

友だちを憶えておくために

子どもたちは、ジャクソンが仲よしの友だちを憶えておくためにもらった友情のブレスレットの話に興味をそそられ、話し合いを進めました。

エリーグレース	「ビーズと ひもで できているのよ」
アメリア	「ゆうじょうのブレスレットは、ふつうのブレスレットだよ。ブレスレットは、きんぞくでできているでしょ。ふつうのだよ」
ヘンリー	「ゆうじょうのブレスレットは、ふつうのじゃないよ。とくべつなものだよ」
スカイ	「ぼくのおにいちゃんは、ゆうじょうのブレスレットを つくれるんだけど、ひもをつかってた」
ニーナ	「わたしは、ほんもののゆうじょうのブレスレットを みたことがあるのよ。わたしのおねえちゃんの ともだちがもってるの。1つはあおで、1つはピンクだった」

数日後、ヴィヴィアンは友情のブレスレットをつくってみました。

ハナ	「それ、ヴィヴィアンがつくったの？」
ヴィヴィアン	「うん」
ハナ	「どうやって つくったの？」
ヴィヴィアン	「まず、じぶんのすきないろの ながいはっぱを えらんで、それをむすべばいいの」

理論と実践の両輪　　179

シンプルでありながら、とても美しいブレスレットが子どもたちの発想を刺激し、クラスの友だち全員にとって特別な友情のブレスレットをつくる方法について話し合いがはじまりました。このクラスの友だちが、ずっと心の中で生き続けられるように。

カイ	「クレアせんせいの ブレスレットみたいなのが つくれるよ。やってみよう。みんなもつくろう」
ニッキー	「かみにえをかいて、それをきりぬけばいい」
ニーナ	「このえんを きりぬかなくちゃ」
エリーグレース	「ああ、そうだ、もっといいアイデアがあるよ。ともだちのしゃしんを、ちいさいまるいかたちにするの。ソファにすわって しゃしんをとって、それをなかにいれるの。きんぞくでつくらないと いけないけど」
モニカ	「クレアせんせい、ユカせんせい、メイせんせいはどうする?」
ハナ	「どうやって、ゆうじょうのブレスレットをつくるの?」
カイ	「ゆびわも つくれるよ」
ヘンリー	「おおきいのも つくれる」
エリーグレース	「たくさんブレスレットをつくるから、いっぱいビーズがいるわね」
カイ	「19このビーズ。みて。1、2、3、4、5、6、7、8、9、10、11、12、13、14、15、16、17、18、19」
ヘンリー	「どうやってビーズをつくる?」

子どもたちは、素材について知っていることを出し合い、ほしいビーズをつくるための一番よい方法を探りました。

リュウ	「きかいが いるよ。ビーズをつくるための きかい」
ヘンリー	「ビーズをつくらなくてもいいよ。ビーズをみつけてきて、それにはればいいんだ」
エリーグレース	「つくるまえに、ひもに ちいさいむすびめをつくって、ビーズがおちないように しなくちゃいけないよ」
アメリア	「かみいちまいと ひもがあればいい。かみをぐしゃぐしゃにまるめて、パンチであなを あければいい。でも、そしたら やぶれちゃう」
ヘンリー	「かみは つかわないほうがいい」
リュウ	「ユカせんせいが、じょうぶなテープをもってるよ」
モニカ	「なかみを きにして、きにいろをぬって、ナイフであなをあけたら？」
マリー	「まず、きをつかってから テープをつけて、そのうえになにか、えをかけば？」
リュウ	「いえをつくるやつ（ドリル）を つかおう」
ハナ	「ヘンリーがつかっていない、つみきをつかえばいいよ」
アメリア	「できるよ。わたし、きをもってるから。おおきい きをもってくるから、それでビーズをたくさんつくろう。あつがみも つかおう。はりであなをあけて、うえにのせて むすびめをつくって、そこにつけておけばいい」
ジャクソン	「ビーズがないと、ゆうじょうのブレスレットは つくれないよ。なにが いる。そこに えをかけるもの。つくらなきゃ。はりもいるよ、あなをあけるために」

アメリアとマリーは、白い粘土でできたビーズを見つけ、興奮してみんなに見せました。

アメリア	「こういうのを みつけて おもったの。しろいねんどのかけらを まるくして、そこにあなをとおす。いろをぬってかわいたら、むすびめをつくって ビーズをつけるの。それをなんかいもすれば、ブレスレットができるよ」
マリー	「ブレスレットは、こんなにおおきくもなるし、ちいさくもなる。じぶんのすきなように つくっていいの」
ヘンリー	「れいぞうこにいれたら、つめたくなってかたまる。かたまるまで、じかんがかかるけど」
ジャクソン	「もしかして、ボールのように まるめてもいいんじゃないかな。かわいたら、そこにあなをあけるの」
カイ	「くびかざりだって、ゆびわだってつくれるよ」
アメリア	「ユカせんせいが、しろいねんどをもってたよ。わたしが、サメやこネコをつくったときの」
ニーナ	「ねんどはしってる。はいいろのやつだよね？オーブンのなかに いれないといけないんだよ。あれは しょうがっこうの ねんどで、わたしたちがきのう つかったやつと おなじいろだよ」
アメリア	「きをつけて、ぬらなくちゃ」
ニーナ	「どうやって、あなをあけるの？すごく かたいんだよ」
モニカ	「ぼうをつかえばいいよ」
エリーグレース	「オーブンにいれるまえに、あなをあければいいのよ」

このように、子どもたちは他の人と一緒に、そして他の人の考えを通して、実現可能な解決策に至るために、集団でいくつものアイデアについて話し合う大切さを学びました。

自分のビーズづくり

リュウ	「キンダーガーテンにいっても、これをみれば おもいだせるように」
マリー	「すごくいいアイデア！」

　子どもたちは、それぞれ19個のビーズをつくる作業に取りかかりました。友だちと先生の一人ひとりにあげるためのビーズです。

成形が終わると、子どもたちはビーズを乾かし、次に学校にある窯で焼き、さらに色を塗り、うわぐすりをかけ、最後にもう一度、窯で焼きました。それは長いプロセスでしたが、子どもたちはこの種の粘土を使うことにワクワクと興奮し、友だちへの美しい贈り物をつくろうとしていました。

アメリア	「まず、オーブンにいれないと いけないの。それから、このねんどのビーズぜんぶを、ひもにつけるのね。みんなで ゆうじょうのブレスレットのための ビーズをつくってるの。これはジャクソンのアイデアなのよ。ジャクソンが、ブレスレットについて、みんなにはなしてくれたから」
リュウ	「にじだ！このクラスは、にじみたいだ！」
アメリア	「わたしたちがぬったいろ、ぜんぶちがって にじみたい」
ハナ	「べつのくにに ひっこししたら、ともだちにあえなくてさみしいな」
ニッキー	「これをみれば、ともだちのことを おもいだせるよ」

　4歳児クラスでの1年を通して、そして前年の3歳児クラスでも、子どもたちにとって虹は特別に興味を惹きつけられたものでした。子どもたちは、ここで大好きな虹と仲のよい友だちとの間につながりを見出したのです。

友情のブレスレット

友情のビーズを手渡す瞬間は、本当に意味深いものでした。子どもたちは、1つのビーズを1人の友だちのことを考えてつくっていて、様々な形やデザインの中からその友だちにもっとも合うものを見つけていました。友だち同士でのビーズの交換は、関係の深まりを示していました。子どもたち一人ひとりが互いにビーズを手渡し、受け取り合う姿は感慨深く、友情の証となっていました。

ハナ	「みんなに、わたしのビーズを あげるの」
ヘンリー	「ながすぎるよ！」
ニッキー	「ゆうじょうのブレスレットだ！」
モニカ	「そうだよ、ゆうじょうのブレスレットだよ」

子どもたちは友情のブレスレットをただただ気に入って、1日中、身につけたり、しっかりと握ったりしていました。友情、愛、一緒にいること、つながり、関係の意味するところも理解しているようでした。

理論と実践の両輪

モニカ	「ゆうじょうのブレスレットをみてると、そのいろが ちきゅうみたいに みえるの」
エリーグレース	「わたしは、つきのように みえる」
リュウ	「ちきゅうは、みどりや あおでしょう。にじじゃないよ。ゆうじょうのブレスレットは、にじなんだよ。みんなのTシャツは、にじでしょう？くろがジャクソンで、ぼくはなかにあかをきてるし」
ハナ	「ゆうじょうのブレスレットをみてると、マリーのこともおもいだすよ。まいにち、マリーがわたしにしてくれたことを。すごくやさしかった。やさしくしてくれたことのひとつひとつが、わたしのゆうじょうのブレスレットにはいっているの。ハッピーなひとたちがここであそんでいるのよ」
ミワ	「ちきゅうは、にじのいろ。ゆうじょうのブレスレットは、にじをおもいださせてくれるの」
ハナ	「そらに にじがでるのを みるたびに、わたしは ゆうじょうのブレスレットを おもいだすとおもう」
ニーナ	「みんなそれぞれが、このビーズなのよ」

　子どもたちは教えてくれました。「友情とは……誰かの人生の一部になることへの誘い（レッジョの教育者のことばより）」だということを。

　完成したブレスレットは手づくりの箱に入れられ、それぞれのメッセージが記された「ずっと続く友情のしおり」が添えられました。

私たちの学びの足跡

子どもたちはミーティングを通して、変化についての対話にどのように入っていくかを示し、毎回の話し合いで3つの探究の道筋をふんでいきました。子どもたちは、過去と現在と未来の類似点と違いを確かめ、変化が起こる理由や変化についての気持ちや感情を見つめました。話し合いの中で出てきたことばは本当に力強く、子どもたちの様々なアイデアややりとり、変容をしっかりと伝えていました。子どもたちが互いの目を通して変化について探究し、友だちの気持ちを共感的に捉え、自分自身に起こる変化の状況を理解する時、子どもたちは高いレベルの思考力を見せました。子どもたちにとって、4歳児クラスでの生活は人生の一部となり、深い意味をもつ絆を育む場だったのです。

「ずっと続く友情のしおり」は、楽観的で生き生きとし、未来に開かれていると同時に現在にもしっかりと根づいている子どもたちの考え方を表しています。子どもたちが問いかけたり、推論したりする力は並はずれていて、様々な時間の次元を行き来する力となっています。つまり、子どもたちは、現在感じている気持ちと未来への望みを強くするために、一緒に過ごした過去と自分を結びつけているのです。思い出や遊び、希望、恐れや友情でいっぱいの時間。保育者がこの物語で忘れられないのは、友情についての子どもたちのことば、そして、子どもたちが友情を大切に思う気持ちです。

この物語は、ここで終わりではありません。子どもたちはメッセージを書いたり、スカイプやEメールを通して、互いに強いつながりをもち続けています。子どもたちが行っていることは、人生を愛する心や平和を重んじるという価値観の中でももっとも高貴で、もっとも普遍的な価値をもった意味深いものです。

訳者解説

インターナショナルスクールの中には、国と国を越境し、これまで親しかった人たちとの別れを経験した子どもがたくさんいます。だからこそ、友だちとの別れは一層さみしく悲しいのだと思います。

　この探究の記録で印象的だったのは、子どもたちのさみしい気持ちや悲しい気持ちが存分に出されていることです。保育者がこれから起こることの期待や希望を強調するのではなく、子どもたちの中にあるさみしさや怖れ、不安もまた思いのままに出させています。自分の中にある不安や怖れを認めたり、認めてもらうことで、子どもたちは自分を受け入れ、その気持ちを消化し、次へと進めるのではないでしょうか。

　子どもたちのことばの丹念な記録から、保育者が子どもたちをごまかしたりすることなく、子どもたちの心の声に深く聴き入る姿勢が伝わります。このドキュメンテーションは、情緒の安定といった「ケア」もまた探究として展開でき、学びの対象となることを示しています。変化は人生で避けることのできないものです。時に自分の力ではどうしようもない変化も訪れます。そういう時に、その変化を見つめ、さみしさや不安を感じる自分を認め、次の冒険へと進むことができる力は、まさに生きる力です。このドキュメンテーションは、子どもたちのケアと同時に、生涯を通じて大切になる学びの記録として、保育の総合的な営みを見せてくれていると思います。

関係性の見えるブレスレット

　友情のブレスレットは、4歳児クラスの子どもたちの一人ひとり、関係性、そしてELCの保育を体現しているように思います。子どもたちが何を美しいと思うかという審美性がビーズの一粒一粒に表れていて、その子の存在を表しています。その一粒一粒があってこそ、ブレスレットという形ができ、2つと同じものはない絆ができています。そのブレスレットは色とりどりで、4歳児クラスの暮らしの中で特別な思い入れのあった虹の姿とも重ね合わされています。

　友情のブレスレットをつくるために話し合う子どもたちの姿は、皆で1つのことに向かって自分の考えを伝え、相手の考えも聴くことのできる成熟した関係性を示しています。たとえば、「がっこうは すきじゃない」ということばにも、自分の思っていることを遠慮なく言えるという安心感や周囲への信頼が表れているように思います。仲間との信頼関係があるからこそ、安心して言い合える、聴き合える、4歳児クラスの1年間の育ちが見えるようです。

　そして、子ども一人ひとりが自分の経験や知識に基づいて、全員にとっての解決策を見つけようとする姿は、個をもちつつ、協働して1つのものを創造していくことの尊さを教えてくれます。さらに、このブレスレットは、子どもたちの発想や発見に保育者が耳を傾け、そこに応じるように柔軟に素材や環境が提供されて完成したものです。子どもたちだけでなく、保育者もまたつくり手の1人であると思います。

見えないものを「見える」化すること

　そして、友情のブレスレットという形で、4歳児クラスで育んだ仲間関係が形に残ることで、子どもたちはさみしさや未来への不安を乗り越えていきます。友情や友だちへの思い、楽しかった思い出は目に見えないものですが、ブレスレットにすることで見えるものになります。

　レッジョの哲学とも通じるところだと思いますが、ELCの実践では、目に見えない大切なものを、ものの形に「見える」化することで、人と人同士だけでな

く、人とものとが相互に影響し合い、学びや思いを深めていっています。そして、「見える」化する時には、子ども一人ひとりが「何を美しいと思うか」「何をいいと思うか」という審美性が発揮され、目に見える表現を通して、子どもたちは自分自身や自分らしさについての理解を深めます。ELCの実践では、人と人、人とものとの循環で、学びが自分自身にも還ってくるところ、対象についての学びであると同時にアイデンティティの探究にもなっているところが、学びに深みを与えているように思います。

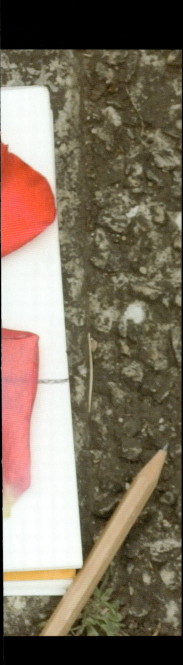

ここまで見てきた6つの探究は、日々の生活の中で、イベントのためだけではなく、子どもたちと私たち保育者が一緒につくりあげた記録です。「私」だけではなく、様々な意見を取り入れ、他の人たちと一緒に変えていきながら探究し、その過程でいろいろなことを学んだ旅路です。

　子どもたちの探究を保育者も探究しました。保育者が探究したのは、「子どもたち同士の関係がどのように育っているのか」「その中で、子どもたちがどのように自信をつけていくのか」「どういう場で子どもたちは自己発揮するのか」といったことです。様々な面について、保育者は日々、観察をしています。子どもたちは皆それぞれ違っていて、皆同じではないので、「こういうことばを言ったら、どのように応じるか？」と、私たち保育者はたえず探究をしています。

　私たち保育者は、このような探究を通した学びをもっとも重視し、この学びについてYISでは、次のような共通の定義をもっています。

学びとは、私たちの思考や行動を変える発達の過程である。学ぶことで、私たちはスキルや知識、態度を習得することができ、創造性や批判的思考、自立した推論に至ることができる。
(YISホームページより)

　このような学びを求めて、私たちは探究を深めていきます。イベントのための活動を行うと、保育者は時間に追われ、子どものことが見えなくなります。それに、何かをやらなくてはいけないという意識にとらわれてしまい、探究ができなくなってしまいます。

　保育者は探究をするために、どういう時間を過ごすかに気を配り、遊びと学びの関係について考えます。ハーバード大学教授であり、教育学博士のベン・マーデル先生は、「遊び（play）の反対は仕事・勉強（work）ではない」とおっしゃっていました。遊びの反対は憂うつ（depression）だそうです。仕事・勉強というのは生産的で何か結果や成果と結びつくもので、遊びはそのようなものとは結びつきません。しかし、それは対立するものではない、そういう考えをしなくてはいけないのではないでしょうか。

　遊びは、子どもがもっとも学べる場であるはずです。そのことが抜け落ちていると、アンバランスな人間になるのではないかと思っています。ただ計算が早くできるかではなく、遊び心（playfulness）をもって創造的

EPILOGUE
エピローグ

カンチェーミ・ジュンコ
横浜インターナショナルスクール
アーリーラーニングセンター 前園長

どのような旅に出かけるにしても、1人での旅はとても味気ないものです。ドキドキする気持ちや不安、笑いや涙といった感情を誰とも共有できず、精彩を欠いたものになりがちです。実際、旅の途中、自分自身にしか頼れないと、怪我や病気をしたり、迷子になってしまったり、また危険な目に合うこともあります。

私は当初1人きりでこのELCでの旅に出ましたが、子どもたちと関わることを学び、理解を深める旅路となり、その後たくさんの仲間と続けることができました。多くの見方を携えて様々なルートで赴く旅は、時間はかかりますが、刺激的で面白く、多くの発見と彩りに満ちていました。

ELCのようなインターナショナルスクールは、家族にとっては一時的なコミュニティにすぎません。母国へ戻ったり、仕事の関係で他の国へ引っ越すなどの理由で、子どもたちは2か月から2年間、保育者は2年から4年間だけ在籍することがほとんどです。日本に残っている私としては、この旅に関わっている、そして関わってきたすべての方々への感謝の気持ちでいっぱいです。

皆のおかげで、私はまるで上質な絹糸とあたたかい毛糸が織り合わさった上質なタペストリーをつくるかのように、経験と学びとを積み重ねて、ELCの物語を紡いでくることができました。このELCのタペストリーは、決して完成するものではありません。これからも子どもたちや保護者、保育者、いろいろな人たちとの関わりによって、よりあたたかく、さらに上質なものになっていくことでしょう。

さて、私とレッジョとの出会いの話を、亭主である子どもに茶席に招かれるというメタファーで、本書のプロローグで紹介しました。そこで、私の考えをもう一度、茶の心にたとえて、結びのことばにしたいと思います。

一期一会。茶の湯の心得では、特別な機会に他者と1つになることといわれています。客である大人は庭に立ち入ったその瞬間から立ち去る時まで、まるで一生に一度の出会いであるかのように、主人である子どもに対して敬意を払わなければなりません。このことはいい換えれば、大人がその瞬間を大切にし、その瞬間に居合わせて子どもと喜びをともにすることを、私たち大人が心に留めるべきであると伝えているのではないでしょうか。茶道は一杯のお茶でもてなすこと、またも

てなされることで素晴らしい人間関係の美を教えてくれます。つまり、子どもたちが彼らの生活に私たちを招いた時、大人は大人の価値観で判断せず、尊重の精神をもって、その招待を受け入れることが大切なのです。

茶道は人の真似をするのではなく、自分自身の体の動きを知り、自分の体の声に耳を傾けることでのみ学ぶことができると、私は教えられてきました。本書の子どもたちと大人のことばを通して伝えられたストーリーが、読者の方々の学ぶことへの願望や情熱を湧きあがらせることを、子どもたちや同僚とともに願っています。

私たちは、亭主にもてなされた「一杯のお茶」を急ぐことなく大切にいただく場として、子どもたちのための物理的かつ概念的な場をどのように提供するか、このことを考えるための扉を今まさに開けたところなのかもしれません。

秋田喜代美
学習院大学文学部 教授

ELCをはじめて訪れたのは、レラ・ガンディーニ先生のご紹介であり、日本でレッジョの哲学に基づく保育をもっとも古くから継続的に実践している園ということだけでした。しかし、その門をくぐり、室内に入った途端、私の中に深い哲学に支えられた保育の真髄を見せていただいた感覚が生まれ、このELCの実践からもっと学びたいという思いが、心の中に生まれました。保育における保育者のもつ佇まいの静けさと園の様々な箇所で感じる環境の審美性、子どもが深く事物に関わる時に見せる姿に、この園の文化がどのようにして生まれているのかをもっと知りたいと思いました。壁にさりげなく貼られたドキュメンテーションを見ていくと、私たちが保育を観て振り返る時の問いとは、まったく違う質の問いをもって、子どもたちの姿を観ておられるカンチェーミ先生や園の先生方に出会いました。「出会う」とは、「自分の思いの枠を超えて会うこと」という吉田章宏先生の言葉が示すような体験でした。隣り合わせにある横浜の港の見える丘公園に子どもたちと一緒に散歩に行った時、YISの図書館を訪問しにELCの子どもたちとともに散歩しながら行った時、3、4歳の子どもが自分たちで探究する姿や子どもが子ども扱いされていない姿と保育者の居方を感じました。また佐川早季子さんや椋田善之さんとともに、子どもたちの表現発表の場を見せていただいた時、作品とともに後ろのスクリーンに流れる子どもたちの表現の過程、3歳の子どもたちが自分の作品を自信をもって堂々と皆に紹介しその作品をホールの空間の中に置いていく姿、互いに顔を見合わせて至福の時間をもつ姿に、子どものアートを見る見方が私の中で完全に変わったように思いました。子ども一人ひとりが可能性をもつことで大きく見える瞬間とは、こういうことではないかと体感しました。それは、決して子どもが大人びているというのではありません。園や保育者が一人ひとりの尊厳をとても大

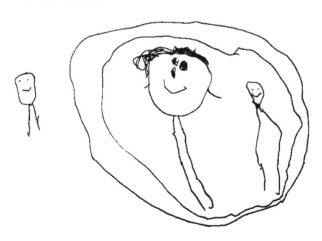

切にする中で生まれていく子どもたちの姿でした。明るさだけではなく、語らぬことばの中に子どもたちの苦しみや悩みも聴き、長期的な見通しをもって引き受けるからこそ生まれるその子ならではの姿でした。

それはある意味では、これまで見たことのない園の文化を感じたというのが、正直なところです。インターナショナルスクールであることもあるでしょう。その異邦人的感覚をもった私にとって、1人ではなく、当時研究室におられ英語が堪能であった佐川さん、椋田さんと経験を共有できたことは幸せなことでした。そしてELCの方々は大変心よく、この参観を受け入れてくださいました。

その寛大な受容性から、ご縁ができ、絆が生まれました。そしてまだレッジョ・エミリアで働いておられた伊藤史子さんが連絡をくださったことから、さらにこの輪は広がっていきました。そして、この保育実践を1冊の本にという私たちの思いに、萌文書林の服部直人社長と編集者の下中志野さんが大変ご尽力をくださいました。なお、この一冊を故服部雅生前萌文書林社長の御仏前に感謝とともに捧げます。

企画からすでに6年余りが経ちました。足を引っ張ったのは、ひとえに私の至らなさです。英語のドキュメントを日本語に翻訳することも時間がかかりました。翻訳書のために、もしこの本に堅さを感じた方がおられたならば、それもひとえに編者の最終責任を負う私の責任です。またこれだけのカラー刷りの本にするためには、写真選びをはじめいろいろな時間がかかりました。インターナショナルスクールですので、子どもたちの人権保護のための手続きなども厳しく、日本の園のような写真とは違っている部分もあります。限られた年次の記録であり、紙数の都合で零れ落ちてしまった数々の記録やポートフォリオがあります。

この本との出会いからはじまる旅が、終わりなき探究と対話を生む船出になればと考えています。日本の保育文化を振り返るのに、時に新たなまなざしから見ることで気づくことも多くあるように思います。日本でも、記録や園内研修などの話は花盛りです。その中で、各園が行っておられる園の日々の保育を考えるのに、時に差異を感じ、時に共感をもちながら、ご自身とこの本の対話を深めていただけたらと思います。私たちが届けたいと願った保育への思いが、皆さまの心の中に一粒の種となって根をおろし、芽吹き、どこかで咲く保育の花となってつながっていったらと願っております。

クレア・ウェイン
横浜インターナショナルスクール
アーリーラーニングセンター 元教員

探究は研究の旅路、つまり、ことばや方略を子どもたちの考えで解釈することで、子どもと物事や場との意義深い出会いを基盤に進んでいきます。

「公園との対話」では、時に意識的に徹底的な集中を必要として、また考えや行動に影響を与え合い、公園との関係を築きあげるにつれ、自分自身と互いの関係も発展させていきました。長い期間、子どもが熱中し、モチベーションを維持し続けたのは驚くべきことで、心から感動しました。

「虹の動物園」を創作する際に、子どもは物語を保護者に提示し、オリジナルの物語の複雑な過程を実行するために感情移入をしてすっかり夢中になって協力し合い、上演し、共有し、物語を発展させるというすばらしい能力を見せてくれました。この一連の活動は、重要な問題解決と内省的な練習、コミュニケーション、思いやりや人との関わりにおいて子どもの手と関心を引き込みました。彼らの試みをサポートできたことを、とても光栄に思います。

学年末が近づく頃、クラスに訪れようとしている変化についても探究しました。子どもの対話に耳を傾けることで、彼ら自身に起こる状況の変化を理解しつつ、共感して友だちの気持ちを思いやることができるのだと知りました。人はしばしば、幼い子どもは自己中心的だといいますが、この「ずっと続く友情」は子どもが同情や思いやりを示す素晴らしい時間を与えてくれました。忘れられないのは、彼らが大切にしている友情について語ったことばの数々です。

1年にわたるこれらの学びの旅路を振り返ると、子どもとともに行ったすべての探究は、共通の糸、つまり人とのつながりの糸で紡がれていることが明らかです。人とのつながりは学びの過程の中心となり、学びを多様な方法で具現化し、拡大し、挑戦する力をもっています。探究が徐々に進むにつれ、人とのつながりは私たちが行うすべてに浸透していき、自分自身やまわりの人への理解を深めることに役立ちます。最後に、私の気持ちを代弁しているローリス・マラグッツィのことばを改めて引用します。

「関係なくしては、人は決して存在しえないと私は信じています。生きるうえで、関係はなくてはならないものなのです」

(C. エドワーズ・L. ガンディーニ・G. フォアマン, 2001, p.446)

山田百香
横浜インターナショナルスクール
アーリーラーニングセンター 元アトリエリスタ・教員アシスタント

「この空間で働いてみたい」。そう思ったのを、今でもよく覚えています。約9年前にYISを訪れ、当時の校長にELCを案内された時のことです。そしてカンチェーミ先生にはじめて会い、私の思いはますます強くなりました。ただ、その頃の私は、レッジョ・エミリアについてほとんどといっていいほど、知識がありませんでした。ELCの扉を開けて中に入った時に感じたもの、穏やかさ、美しさ、明るさ、調和の取れたその空間は、それまでに私がいくつかの学校を訪れて感じたものとは異なりました。現在は私もELCで働く側になり、その空間づくりの一員となりました。以前に比べれば、レッジョについての知識は増えましたが、子どもに対する問いかけや対応、提供する素材や紹介の仕方など、今でも悩み、迷い、自問し、内省する日々を送っています。

レッジョについて無知だった私がELCを通して最初に学んだのは、「聴く」ことの重要性だったのではないかと、今、思い返しています。子どもたちに耳を傾けることで、観察することで、新たに気づくことがあります。疑問が湧いてきます。もっと知りたくなります。そこに驚きや感動があることを体験してきました。

子どもたちが日常の様々な出来事を共有するのと同じように、保育者も意見や考えを共有し、行くべき方向や方法を見出していきます。この空間は子どもたち、保護者、保育者とともにつくりあげられていくものだということを、当時のExhibitionに至るまでの経験を通して改めて強く感じました。その空間とは決して物理的なものだけではなく、それぞれの信頼関係やつながり、想いの表れなのだと思うのです。子どもたちに耳を傾け、彼らの感じることを尊重し、つくりあげるものにもっと価値を与えたい、そこに可能性や能力が秘められていることを知ってもらいたい、感じ取ってもらいたい、そういった想いが紡がれてできた空間だと思うのです。

この本を通して、読者の方々がELCを訪れたかのように、子どもたちのいるこの空間を感じていただけたなら幸いです。

佐川早季子
京都教育大学教育学部 准教授

ELCにはじめて足をふみ入れたときのことを、今でもはっきりと覚えています。このやわらかく穏やかで居心地のよい雰囲気はどのようにつくられているのか。カンチェーミ先生の理論やELCのドキュメンテーションを翻訳するプロセスは、私にとって、この問いを探究する道のりでした。ELCには、子どもと大人中心という哲学があります。「子ども中心」という教育方法は、ともすると、子どものために保育者が黒子のような裏方的な存在になると思われがちです。しかし、ELCの環境は保育者の審美的感覚を頼りにしつらえられているため、そこに保育者のその人らしさも現れています。居心地というものは、子どもだけでなく、そこでともに過ごす大人にとっての心地よさという、その重なりにあるもののように思えました。読者の方も、ご自身にとって大切な問いをもって、この本を読み進められたのではないでしょうか。

私にとっては、また別の問いの探究でもありました。私がこの本に関わった時期は、引越し、大学院の卒業（修了）、就職、子どもの小学校入学……と、私自身の大きなライフイベントが一気に訪れた時期でした。そんな時期に、「変化」をめぐるプロジェクトを訳す機会をいただきました。子どもたちが過去の経験、不安や淋しさ、期待を声に出し、それをきっかけに仲間との絆をブレスレットという形で表現して変化を迎え入れようとする子どもたちの姿に、どれだけ勇気づけられたことかわかりません。デューイは次のようにいっています。「経験に根ざした教育の中心的課題は、継続して起こる経験のなかで、実り豊かに創造的に生きるような種類の現在の経験を選択することにかかっているのである」(2004, pp.34–35)。「変化」という経験そのものを創造的に探究し、その情動経験を他者と共有し、これからにつなげていく。この原体験をもって、人生で何度も訪れる大小の変化に向き合えたら、本当の生きる力になるだろうと思いました。

保育・教育の見方に迷った時、そして、目の前にあるいくつもの選択肢から、実り豊かに創造的に生きられるような1つの経験を選ぼうという時、私はこの本のページに戻ることになりそうです。

椋田善之
関西国際大学教育学部教育福祉学科 准教授

私が初めてELCを訪れた時、まずはその環境構成に魅了されました。園を入ってすぐの壁面にドキュメンテーションがあり、子どもたちがどのようなことを園で学んでいるのかが一目でわかるような内容で書かれていたのが印象的でした。そして、部屋の中に進んでいくと海外に来たかのような空間となっていて、一気にアートの世界へ引きずり込まれるような感覚になり、「ここで何かを表現したい！」と思えるような空間が広がっていたことを今でも覚えています。また、何よりも驚いたのが、子どもたち一人ひとりのポートフォリオが各クラスルームに置かれていて、いつでも手に取って見られるようになっていたことです。これまでの遊びを通した学びの蓄積がしっかりとされており、保護者にとっても子どもの成長を感じられるものになっていました。ポートフォリオと聞くと、大変で時間と労力がとてもかかるものだと思われがちですが、ELCの先生方はそれを大変だとは一切思っておらず、「保育中にもノートパソコンを片手に記録を取って、すぐにドキュメンテーションをつくることができる材料を集めているので、まったく苦労しない」ということでした。この点も様々なご意見があると思いますが、新鮮で驚きでした。

保育も拝見させていただいたのですが、私が感じたのは、先生方の「問いかけ」のすごさでした。シンプルだけれども子どもたちの好奇心や探究心をくすぐり、考えが深まっていくような問いかけをされていると感じました。かといって、介入しすぎる訳ではなく、あくまで子どもが主体となっていて、子どもたち自身が様々な提案を次々に出し、話を進めている姿がありました。何よりも、先生方が子どもたちの力を信じているということが根底にあったように思います。それは、先生方の「子どもたちはこんなにすごい」という事例やことばを何度も繰り返し言っておられたことからも読み取れました。そして、そんな子どもたちの力を最大限に表現する場をどう確保するべきか、今、目の前にいる子どもたちが遊び込める（夢中になる）環境はどのようなものかを常に考えておられました。このようなELCの先生方の実践をヒントに、皆さまの園での保育がより豊かに展開されていくことを望んでいます。

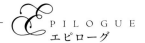

伊藤史子
デザイナー・アトリエリスタ・東京家政大学 非常勤講師

美しい園。生き生きとカラフルで、しっとりと穏やかな空間。ELCをはじめて訪れた時、何ともいえない心地よさを感じたことを覚えています。この本をつくりあげるまでに何度も足を運び、カンチェーミ先生や山田先生と語らいながら、この園の魅力について振り返ってきました。

ELCの環境、活動、素材のことを考える時、不思議と人々の顔やエピソード、様々な「表現」が一緒に思い出されます。活動する子どもたちと保育者はもちろんのこと、保護者や訪問客も、「自分」が受け入れられている安心感と、「他人」のもつ違いや面白さを感じることができます。

表現することとは、手を使って考えることといえます。身体を通して、対象となるもの・ことと自分との間の距離を縮めていく作業です。手を使うことは時間がかかりますが、そこには大切な「思考のゆらぎ」の時間があるといえます。

カンチェーミ先生は、子どもが提示した「表現」に対して、「それは、あなたにとってどういう意味をもってるの？(What does it mean to you?)」と丁寧に聞かれます。カンチェーミ先生は、「表現」という保育者にも子ども自身にも目に見える媒体を通して、子どもが見ていること、考えているものと向き合う「時間」をつくり出します。そこで子どもは改めて、今、自分が対象としているもの・ことに思考をめぐらせ、言語化することにより、対象を客観的に捉え、そして自分の感じ方や考え方を理解していくのです。カンチェーミ先生は、その後、子どもたちにチームの中で自分の意見を言ったり、他人の考えを聴くチャンスをつくり出します。

ELCの保育者は、このような子どもたち一人ひとりの視点を個性として尊重し、彼らが出会う＜もの・ひと・こと＞との関係性や、そこで生まれる多様な価値観に耳を傾け、愛おしみ、尊重する姿勢を常にもっています。そんな保育環境の中で、子どもたちは互いを認め合い、個性と社会性を両立させてゆくことを学んでいくのではないでしょうか。だからこそ多様な価値観が伸びやかに育つ、穏やかで色鮮やかな園の雰囲気（アイデンティティ）がつくられているのではないでしょうか。

ELCの実践から、いかにして多様性を育む社会を創るかの態度を学びたいと思います。

引用・参考文献　REFERENCES

野中郁次郎・勝見明 (2004) イノベーションの本質, 日経 BP 社

Reggio Children (2008) The Park is..., Reggio Children Publishing

Rinaldi, C. (2006) In Dialogue with Reggio Emilia, Routledge

Preschools and Infant Toddler Centres Istituzione of the Municipality of Reggio Emilia (2017) Charter of Services of the Municipal Infant–toddler Centres and Preschools, Reggio Children Publishing&NAREA

国際バカロレア機構 (2018) PYP のつくり方

Vygotsky, L. S. (1986) Thought and Language, MIT Press

Brown, A. L. & Campione, J. C. (1994) Guided Discovery in a Community of Learners, MIT Press

Edwards, C., Gandini, L., Forman, G. (1998)The Hundred Language of Children:The Reggio Emilia Approach-Advanced Reflections (second edition), Ablex Publishing Company

C. エドワーズ・L. ガンディーニ・G. フォアマン：佐藤学・森眞理・塚田美紀 訳 (2001) 子どもたちの100の言葉：レッジョ・エミリアの幼児教育, 世織書房

Vecchi, V. (2010) Art Creativity in Reggio Emilia Exploring the role and potential of ateliers in early childhood education, Routledge

G. ロダーリ：窪田富男 訳 (1978) ファンタジーの文法, 筑摩書房

Jackson, P. W. (1998) John Dewey and the Lessons of Art, Yale University Press

J. デューイ：市村尚久 訳 (2004) 経験と教育, 講談社

Stevens, W. (1951) The Necessary Angel: Essays on Reality and the Imagination, A VINTAGE BOOKS

Nutbrown, C. (1999) Threads of Thinking, SAGE Publications

Gussin-Paley, V. (1990) The Boy Who would be a Helicopter, Harvard University Press

www.yis.ac.jp

著者・訳者プロフィール
Profile of Authors & Translators

カンチェーミ・ジュンコ【カンチェーミ・潤子】

横浜インターナショナルスクール
アーリーラーニングセンター 前園長
カンチェーミ・コーポレーション㈱ 取締役副社長
JC Academy 代表
教育コンサルタント
専門領域：教育学

英国バース大学教育学博士課程修了。博士（教育学）バース大学。東京聖心インターナショナルスクールの教員を皮切りに、横浜市山手町にある横浜インターナショナルスクールのアーリーラーニングセンターの責任者を17年間務めるなど、日本における国際幼児教育の先駆者として40年近くのキャリアをもつ。5歳から海外で過ごし、日本に戻り自身もインターナショナルスクールに通い、その後は保護者としても深くインターナショナルスクール教育に関わり続けた。1999年にレッジョ・エミリアを訪れ、レッジョ・エミリア・アプローチの哲学に基づいた教育方針を日本のインターナショナルスクールに初めて導入した１人でもある。現在も日々子どもたちと接する一方、主に国内外の教育機関や一般企業向けのワークショップや講義、およびコンサルティングサービスなどを通じて、人々がもつ様々なポテンシャルを最大限に引き出す人材育成プログラムやカリキュラムの提案を行っている。

秋田 喜代美【あきた きよみ】

学習院大学文学部 教授
東京大学名誉教授
専門領域：保育学、学校教育学、授業研究

東京大学大学院教育学研究科博士課程単位取得退学。博士（教育学）東京大学。東京大学教育学部助手、立教大学文学部講師、助教授を経て、1999年より22年間東京大学に勤務し、2021年より現職。社会的制度としての保育、教育の場における子どもと大人が育ち合うための環境や場とそこへの視点に関する研究を園内研修や授業研究の場に立ち会いながら行っている。第7代、第9代日本保育学会会長。日本発達心理学会代表理事、こども家庭庁こども家庭審議会会長。2001年にレッジョ・エミリアの保育を日本に初めて紹介するDVD「イタリア　レッジョ・エミリアの幼児教育」（佐藤学との共同製作・監修 小学館）を作成したのがきっかけとなり、レッジョ・エミリアの保育にも関心をもって研究を行っている。レッジョ・エミリアに関する主な論文に、「レッジョ・エミリアの教育学」佐藤学・今井康雄編『子ども達の想像力を育む：アート教育の思想と実践』東京大学出版会，2003, pp.73-92、「レッジョ・エミリアに学ぶ保育の質」『こども学1』萌文書林，2013, pp.8-28 などがある。

クレア・ウェイン【Clair Wain】

横浜インターナショナルスクール
アーリーラーニングセンター 元教員

過去20年間にわたり、アフリカやアジア、イギリスのインターナショナルスクールで教員として様々なロールを経験しながら、日々省察的であるよりよい教員を目指している。横浜インターナショナルスクール アーリーラーニングセンターには2009～2013年まで勤務。教育方針は「実践と理論を同時に行うことの大切さ」で、レッジョ・エミリアの哲学とフレデリック・フレーベルの教えに感銘を受け、インスピレーションをもち続けている。

山田 百香【やまだ ゆか】

横浜インターナショナルスクール
アーリーラーニングセンター
元アトリエリスタ・教員アシスタント
専門領域：教育学

米国セントキャサリン大学教育学学士号取得。同大学卒業後、現地の保育施設に1年間勤務。帰国後、子どもと英語に関わる仕事に従事し、2007年より

横浜インターナショナルスクール アーリーラーニングセンターに勤務し、現職。当初は教員のアシスタントとして携わっていたが、その後カンチェーミ・ジュンコ氏の推薦を受け、アトリエリスタとしても活動。「物事や場所、人々の中にある繊細な美しさを感じたり見ること」を大切に、ELCらしい、自分らしいアトリエリスタを目指し、日々子どもたちと向き合っている。

佐川 早季子【さがわ さきこ】

京都教育大学教育学部 准教授
専門領域：保育学、乳幼児心理学

東京大学大学院教育学研究科博士課程修了。博士（教育学）東京大学。奈良教育大学教育学部准教授を経て、2020年より京都教育大学教育学部に勤務し、現職。大学院時代より保育実践の場に通い、子どもが他者とともに表現・創造する過程について研究している。子どものアートに関心があることから、L. マラグッツィのいう「子どもたちの100のことば」を探求している。著書に『他者との相互作用を通した幼児の造形表現プロセスの検討』風間書房, 2018, 共訳書にイラム・シラージ, エレーヌ・ハレット：秋田喜代美・鈴木正敏・淀川裕美・佐川早季子 訳『育み支え合う保育リーダーシップ 協働的な学びを生み出すために』明石書店, 2017がある。

椋田 善之【むくだ よしゆき】

関西国際大学教育学部教育福祉学科 准教授
専門領域：保育学、学校教育学

兵庫教育大学連合学校教育学研究科学校教育実践学博士課程修了。博士（学校教育学）兵庫教育大学。秀英学園光徳幼稚園事務長、東京大学大学院教育学研究員を経て、2014年より関西国際大学教育学部教育福祉学科に勤務し、現職。大学院時代より、保育所・幼稚園から小学校の連携・接続に関する研究を行い、就学前後の子どもたちへのインタビューから子どもたちの移行期の期待や不安の変容過程を明らかにしてきた。現在は尼崎市の幼保小連携推進委員会のアドバイザーを務める。レッジョ・エミリアとの関わりは、2013年に秋田喜代美氏の紹介により初めてELCを訪れたことに遡る。その後も継続的にELCを訪れ、教員と保育に関する話を聞き取りつつ、レッジョ・エミリアの思想を取り入れている保育所・幼稚園の研修会などに参加して知見を得ている。

伊藤 史子【いとう ふみこ】

デザイナー・アトリエリスタ
東京家政大学 非常勤講師
専門領域：プロダクトデザイン、
　　　　　コンセプチュアルデザイン

東京藝術大学大学院美術研究科修士課程デザイン専攻修了。オランダのデザインアカデミー・アイントホーヘンでデザインリサーチやコンセプチュアルデザインを学び、スイスローザンヌ藝術大学（ECAL）修士課程修了。ローリス・マラグッチ国際センターでの作品展示（Connecting Differences, 2013）をきっかけに、レッジョ・エミリア市の保育施設でアトリエリスタとして活動、レッジョ・エミリア市立病院小児科のコミュニケーションデザインプロジェクトにレッジョ・チルドレンと参画（2014）。東京藝術大学美術学部特任助手として社会連携事業「Museum Start あいうえの」のアトリエリスタ、慶應義塾幼稚舎造形科専任教諭を経て、デザインと保育・教育の現場で多岐にわたる活動を行っている。場のリサーチやプロセスの分析によって、未来の新しい可能性と、土地やそこに生活するひとが持っている価値を拾い上げる、クリエイティブな場や活動のデザインを得意とする。現在、まちのこども園代々木上原園アトリエリスタ。その他の活動に新宿伊勢丹「ココイク」アトリエのデザイン監修（2015）、星野リゾート「リゾナーレ大阪」アトリエのデザイン監修（2022）など。

I like all the drawing and painting and all the stuff in the world.

I like theELD...all of it!

ACKNOWLEDGEMENT

感謝のことば

*T*hank you to
Yuka, for your sensitive insight throughout the process of writing
and translating this book through numerous hours,
to Clair, for projecting the inquiries with the children,
to Destiny, for your thorough scribing of the voices and gestures of the children,
to Lara, for your support on your IT skills,
to Sakiko and Yoshiyuki, for your choice of words in translating the script
from English to Japanese, and for your professional contribution as researchers,
to Fumiko, for your designer lens of seeing things,
to Naoto and Shino, for your keen publishers eyes to attend to details
and flow of the book in its entirety,
and last but not least,
to all the ELC children, parents and educators who have collaborated and helped construct
our story at the ELC with much love and joy.

Junko Cancemi

Kiyomi Akita

―――――――――

百香へ、本を書きあげるすべてのプロセスに捧げてくれた時間、そしてきめ細やかな心に。
クレアへ、子どもたちとの探究に。
デスティニーへ、子どもたちの声とジェスチャーの忠実な聴き取りに。
ラーラへ、ITに関してのサポートに。
早季子と善之へ、英語から日本語への的確なことば選びと教育学の研究者としての貴重な視点に。
史子へ、デザイナーからの視点に。
直人と志野へ、本の全体と詳細に対しての明確な編集者の目に。
そしてELCの物語に愛情と喜びをもって参加してくれたすべての子どもたち、保護者、教育者へ。
心から感謝します。

カンチェーミ・ジュンコ

秋田 喜代美

本文写真：カンチェーミ・ジュンコ、山田百香（ELC）、
　　　　　Clair Wain（元ELC）、May Swatphakdi（ELC）、
　　　　　Lara Magtalas（ELC）、Destiny Ishihara（ELC）、
　　　　　Jacquline Pender（YIS）、Adam Clark（YIS）、
　　　　　伊藤史子

編集：服部直人、下中志野

装丁・本文デザイン：三木和彦、林みよ子
　　　　　　　　　（Ampersand Works）

表紙写真：カンチェーミ・ジュンコ

GIFTS FROM THE CHILDREN
子どもたちからの贈りもの
レッジョ・エミリアの哲学に基づく保育実践

2018年5月24日	初版第1刷発行
2023年7月23日	初版第2刷発行

編 著 者	カンチェーミ・ジュンコ、秋田喜代美
発 行 者	服部直人
発 行 所	株式会社 萌文書林
	〒113-0021
	東京都文京区本駒込6-15-11
	Tel 03-3943-0576／Fax 03-3943-0567
	https://www.houbun.com
	info@houbun.com
印刷・製本	シナノ印刷株式会社

© Junko Cancemi, Kiyomi Akita, 2018, Printed in Japan
ISBN978-4-89347-265-6 C3037

定価はカバーに表示されています。

落丁・乱丁本は送料弊社負担でお取替えいたします。
本書の内容の一部または全部を無断で複写・複製・転記・転載することは、著作権法上での例外を除き、著作者および出版社の権利の侵害となります。
本書からの複写・複製・転記・転載をご希望の場合は、あらかじめ弊社宛に許諾をお求めください。

本書は、レッジョ・エミリア・アプローチの哲学に基づいた編著者および著者、著者所属の園の解釈・実践を表したものです。本書の内容は一部を除き、レッジョ・エミリア市およびレッジョ・チルドレンからの公式な承認を得たものではなく、同組織の見解に基づいていない場合もあります。